岭南传统聚落与乡土景观丛书

丛书主编　潘莹　施瑛

U1002140

海南陵水新村疍家聚落空间

蔡梦凡　潘莹　著

中国建材工业出版社

图书在版编目（CIP）数据

海南陵水新村疍家聚落空间 / 蔡梦凡，潘莹著．--北京：中国建材工业出版社，2022.2

（岭南传统聚落与乡土景观丛书 / 潘莹，施瑛主编）

ISBN 978-7-5160-3310-4

Ⅰ．①海…　Ⅱ．①蔡…　②潘…　Ⅲ．①渔民－乡村地理－聚落地理－研究－陵水黎族自治县　Ⅳ．① K926.65

中国版本图书馆 CIP 数据核字（2021）第 192152 号

海南陵水新村疍家聚落空间

Hainan Lingshui Xincun Danjia Juluo Kongjian

蔡梦凡　潘莹　著

出版发行：中国建材工业出版社

地　　址：北京市海淀区三里河路 1 号

邮政编码：100044

经　　销：全国各地新华书店

印　　刷：北京印刷集团有限责任公司

开　　本：710mm×1000mm　1/16

印　　张：11.5

字　　数：200 千字

版　　次：2022 年 2 月第 1 版

印　　次：2022 年 2 月第 1 次

定　　价：59.80 元

本社网址：www.jccbs.com，微信公众号：zgjcgycbs

请选用正版图书，采购、销售盗版图书属违法行为

前言

在新时代以建设海洋强国为发展战略的背景下，海洋文明的挖掘与海洋文化多样性的保护无疑成了重点议题。疍民，作为一支特殊的水上族群，对海洋的探索极大地丰富了中原文明之外的海洋想象，长期的海洋实践构建了疍民独特的族群文化，使之成为我国海洋文明建设的重要力量。随着城市化建设的推进，居住于沿河海地区的疍民，其文化最先受到现代化与全球化的冲击，许多独特的海洋文化现象因失去了发展的根基与土壤而遭到破坏，很大程度上削弱了海洋文化的多样性。基于此背景，本书以位于海南岛东南部族群文化保留较好的陵水新村疍家聚落为研究对象，结合文化人类学、类型学、人居环境科学的研究方法，分析新村疍家人的生计模式、社会结构与信仰文化所影响下的聚落空间特征，探析文化制度要素在聚落空间中的表征作用，深入地挖掘疍家聚落空间形成的人类学内涵，总结新村疍家聚落空间在环境变迁与时代变迁中“空间力”的延续。

本书主要分成五个部分：第一部分为绪论部分，是对研究背景、研究对象的简述，并通过厘清既往研究的基本情况，突出本书研究的意义。第二部分是对新村疍家聚落空间基本特征的总结，涵盖宏观、中观层面的聚落空间要素及其空间形态。第三部分从生计模式的角度切入，结合新村疍家人生计发展的过程，重点分析疍家聚落产业空间的分布、空间形态的发展演变以及空间节点的构成、整合与更新。第四部分从社会结构的角度分析新村疍家人适应水陆环境所形成的不同类型的聚落居住空间，并对应不同层级的社会结构归纳总结居住空间的特征。第五部分主要探讨了新村疍家人的信仰文化与仪礼活动及其所对应的聚落仪式空间特征，关注仪式过程中人与空间的互动关系。

通过对上述主要内容的分析，得出以下结论：(1) 新村疍家聚落空间的基本特征为整体布局呈团块状、具有层级分明的街巷体系，主要公共节点沿着港湾呈线性分布。（2）聚落产业空间受生计模式影响主要分为捕捞产业空间、养殖产业空间以及旅游服务空间，在时空维度下不断地演进更替，聚落产业空间呈现多元复合的特点。（3）聚落居住空间受社会结构影响存在“家屋空间—家族单元—邻里组团—族群聚落”的空间层次关系，整体体现出对外部居住环境变迁的适应与对内在家庭核心的坚守。（4）聚落仪式空间对应疍家人的多元信仰文化，包含了家祭空间、庙宇空间与开放空间的多样仪式空间类型。在空间的组织利用中，体现了疍家人面对差异化的海陆生存环境所构建的精神场所中人神互动内核的延续。

PREFACE

Under the background of the development strategy of building a maritime power in the new era, the excavation of Marine civilization and the protection of Marine cultural diversity have undoubtedly become the key issues. As a special aquatic people, the exploration of the sea has greatly enriched the ocean imagination outside the central plain civilization, and the long-term Marine practice has built up the unique ethnic culture of the Tanka people, which is an important force in the construction of Marine civilization in China. With the advance of urbanization, the Tanka people living along the river and sea areas have been the first to be impacted by modernization and globalization, and many unique Marine cultural phenomena have been destroyed due to the loss of the foundation and soil for development, which has greatly weakened the diversity of Marine culture. Based on this background, this paper takes the Tanka settlement in Lingshui New Village, which is located in the southeast of Hainan Island with well-preserved ethnic culture as the research object, and combines the research methods of cultural anthropology, typology and human settlement environment science to analyze the spatial characteristics of the Tanka settlement under the influence of the livelihood pattern, social structure and belief culture of the Tanka people. This paper probes into the representation and shaping function of cultural system elements in the settlement space, deeply excavates the anthropological connotation of the Tanka settlement space formation, and summarizes the continuation of the "spatial power" of the Tanka settlement space in the new village in the context of environmental changes and times changes.

This paper is mainly divided into five parts: The first part is the introduction, which is a brief introduction of the research background and research object, and highlights the significance of this paper by clarifying the basic situation of previous research. The second part is a summary of the basic characteristics of the Tanka settlement space in the new village, covering the spatial elements and spatial forms of the macroscopic and meso-level settlements. The third part starts from the perspective of livelihood mode and combines with the Tanka people's livelihood development process in the new village to analyze the spatial distribution of Tanka settlement industry, the development and evolution of spatial forms, and the composition, integration and renewal of spatial nodes. The fourth part analyzes the different types of residential Spaces formed by the Tanka people's adaptation to the land and water environment in the new village from the perspective of social structure, and summarizes the characteristics of residential spaces corresponding to different levels of social structure. The fifth part mainly discusses the belief culture and ritual activities of the Tanka people in the new village as well as the corresponding characteristics of the ritual space in the settlement, focusing on the interactive relationship between people and space in the ritual process.

Through the analysis of the above main contents, the following conclusions are drawn: (1) The basic characteristics of the Tanka settlement space in the new village are the overall layout of the Tanka settlement space, with a street system with distinct levels, and the main public nodes are linear along the harbor. (2) Influenced by the livelihood mode, the settlement industrial space is mainly divided into fishing industry space, aquaculture industry space and tourism service space, which continuously evolves and replaces in the dimension of time and space, and the settlement industrial space presents the characteristics of pluralism and compound. (3) Under the influence of social structure, the residential space of settlements has a spatial hierarchy relationship of "family space—family unit—neighborhood group—ethnic settlement", which reflects the overall adaptation to the change of external living environment and the adherence to the internal family core. (4) The ritual space of the settlement corresponds to the Tanka people's multi-faith culture, including various types of ritual space including family sacrifice space, temple space and open space. The organization and utilization of the space reflects the continuation of the interaction between human and god in the spiritual place built by the Tanka people facing the different living environment on land and sea.

目 录

1 绪论

1.1 研究背景

1.1.1 时代背景：海洋强国与海南国际自由贸易港的建设

党的十八大以来，建设海洋强国成为我国战略发展的重要组成部分，是实现中华民族伟大复兴的必要途径。习近平总书记指出，我国既是陆地大国，也是海洋大国，拥有广泛的海洋战略利益。经过多年发展，我国海洋事业总体上进入了历史上最好的发展时期[1]。加快建设海洋强国成为新时期中国特色社会主义事业的一项重大战略任务，走向海洋成为新时代的特征。

海南省作为我国最大的经济特区，管辖着我国最大面积的海域，值得重点关注。2010 年国家发布《关于推进海南国际旅游岛建设发展的若干意见》，提出将海南岛打造成有国际竞争力的旅游胜地。2012 年，《海南省海洋功能区划（2011—2020 年）》推出，意味着海南省将从“海洋大省”建设成为“海洋强省”。2020 年 6 月 1 日，《海南自由贸易港建设总体方案》的提出，将海南发展同国家发展紧密地联系起来。在新时期、新形势的背景下，随着相关政策的出台，海南肩负着我国全面对外开放与深化社会改革的重任，面临着重大机遇与挑战。对拥有丰富海洋资源的海南进行深入研究与挖掘，将有利于海南在新时代使命中发挥自身区域与资源优势，在推动南海资源开发与合作、促进地区经济合作、推动区域社会文化交流、打造海洋生态文明等方面实现自身价值，助力“海洋强国”的建设[2]。

---

[1] 商乃宁．习近平海洋强国思想的科学体系与深刻内涵 [N]. 中国海洋报，2017-10-12（002）.

[2] 周伟．21 世纪“海上丝绸之路”建设：海南的角色与作用 [J]. 南海学刊，2016，2（02）：112-118.

1.1.2 文化背景：海洋文明的挖掘与文化多样性的保护

德国哲学家黑格尔曾在其著作《历史哲学》中提出海洋文明论，他认为海洋环境以及航海活动造就了海洋民族既独立又开放的特点，与包括大陆在内的其他民族相比，海洋民族的这个特点独一无二，在世界历史进程中起到了关键作用[3]。纵观历史，中国其实是一个以农耕文明为中心，又蕴含着游牧文明和海洋文明的多元复合体。在地域分布上，国家统治中心地带及其向外辐射的大部分统治范围以中原文化与农耕思想为主导，但在远离统治中心的闽粤地带，包括疍民在内的南方族群对海洋的探索极大地丰富了对于海洋的想象，他们漂洋过海，沿南中国海与南洋社会建立起紧密的社会网络并形成商业贸易共同体，成为我国海洋文明建设的重要力量[4]。

由于长期被游离在中国正统文化之外，海洋族群的影响甚微，海洋文化也并未得到全面清晰的认识。面对文化的等级分化现象，著名人类学家博厄斯认为，文化没有等级之分，应对不同的文明形态持以更包容的心态[5]。受文化相对论与海洋文明论的影响，中国学者逐渐将视野转向海洋文明的挖掘。但是，随着现代化的发展与城市化建设进程的推进，沿海地区往往成为发展变化最剧烈的地区之一。居住于沿海地区的海洋族群，其文化最先受到现代化与全球化的冲击，许多独特的海洋文化现象因失去发展的根基与土壤而遭到破坏，很大程度上削弱了海洋文化的多样性。在新时代以建设海洋强国为发展战略的背景下，海洋文明的挖掘与海洋文化多样性的保护无疑成为重点议题。

---

[3] 毛明．论黑格尔海洋文明论对中国海洋文化和文学研究的影响 [J]. 中华文化论坛，2017（10）：172-178.

[4] 许纪霖．农耕、游牧与海洋文明视野中的南北文化 [J]. 知识分子论丛，2018（01）：111-122.

[5] 夏建中．文化人类学理论学派——文化研究的历史 [M]. 北京：中国人民大学出版社，1997.

1.1.3 学科背景：岭南传统聚落与建筑研究中疍家聚落研究的匮乏

20 世纪后期，以陆元鼎教授为主的华南学派开创了以民系为线索的民居研究范式，从人类学、民族学与社会学等角度切入，对岭南民居进行了深入研究[6]。随后，一批学者延续此研究范式将研究从民居扩展到聚落空间、聚落景观等更广维度的空间要素上，形成了岭南汉民系（广府民系、潮汕民系、客家民系、雷琼民系）聚落与建筑空间的丰富研究成果[7]。

疍民是岭南汉民系族群的一部分。历史上疍民往来于水陆之间，为陆上人提供丰富的渔产与河海货物运输以谋生计，为河海区域的经济社会发展作出了重要贡献。目前看来，由于疍民水上生计模式与居住模式的特殊性，不同于既往农业定居型的聚落研究，少有学者从建筑学的角度对其进行研究，学科内关于疍家聚落空间的探索过于零碎，整体而言是相对匮乏的。随着对海洋文明关注度的不断提高，对疍民聚落的补充研究将丰富海洋文化的内涵并拓展岭南民族民系传统聚落研究的广度与深度。

1.2 关键词界定

1.2.1 疍民与海南疍民

1.2.1.1 疍民

疍民是以舟为室，浮生于江海的特殊水上族群，以从事渔业为主，兼做水上运输、养殖等，曾经广泛分布于我国东南沿海沿河一带。在不同的历史时期，疍民以珠江三角洲为核心，向东南西北各个方向迁移，其结果是疍民人口在各地呈板块式分布。据统计，中华人民共和国成立初期，岭南疍民人口总数超过 100 万，是较为庞大的

---

[6] 陆元鼎 . 中国民居研究五十年 [J]. 建筑学报，2007（11）：66-69.

[7] 陆琦 . 广东民居 [M]. 北京：中国建筑工业出版社，2008.

族群[8]。

由于生存环境与封建制度的影响，疍民长期处于社会的边缘，不被允许上岸，无法获得教育发展的机会，造成族群文化程度普遍不高。但随着时代的发展，疍民的社会身份认同经历了由“低贱”到“平等”的变化：早期疍民，游离于中央政府的“编户齐民”之外；唐以后“记丁输课”；洪武初年，“编户立长，属河泊所，供鱼课”；清雍正七年上谕，革除不许疍民登岸居住的旧俗，始与齐民同列甲户；民国初期，提出解放“疍户”等所谓贱民，允许他们享有“公权”和“私权”。中华人民共和国成立后，疍民划为汉族[9]，在教育、就业等方面获得了平等的发展机会，与其他族群和谐共融。

1.2.1.2 海南疍民

海南岛是疍民活动的重要区域，迁居而来的疍民同两广的疍族有着一定的关联，族源以古越族为主[10]，多分布于环岛的各个港口（图1-1）。疍民在迁入海南岛后，积极承担社会为其划定的角色，参与解决海南社会的现实问题，因而，历史上海南疍民与同时期其他广东疍民相比，具有一定的社会地位和发展自由，多为史籍所记载[11]。

现今海南疍民主要分布于14个社区，分别为海口市捕捞新村、捕捞旧村、白沙门下村；临高县新盈镇、硐楼镇；昌江黎族自治县海尾镇新港村；三亚市藤海社区、榆林社区、南海社区；陵水黎族自治县新村港海鹰村、海燕村、海鸥村；文昌市清澜港、铺前港（图1-2）。按现有数据估算，海南疍民人口约为10万人，大多已上岸居住，受陆地居民同化程度较大，仅三亚南海社区与陵水新村镇仍保留较为完整的疍民族群文化，而成为海南疍民研究的珍贵样本。相

[8] 吴水田，陈平平．岭南疍民人口迁移的历史过程与空间特征[J]. 热带地理，2014，34（03）：408-413.

[9] 罗香林．疍民源流考[J]. 广西民族研究所资料组—少数民族史论文集，1964.

[10] 张朔人．海南疍民问题研究[J]. 安庆师范学院学报（社会科学版），2007（02）：53-55.

[11] 张朔人．明清时代南海疍民的分层流动与社会身份重构[J]. 古代文明，2014，8（03）：85-91+113-114.

关学者以其为田野调查地展开调研，留下了许多具有参考价值的研究成果。

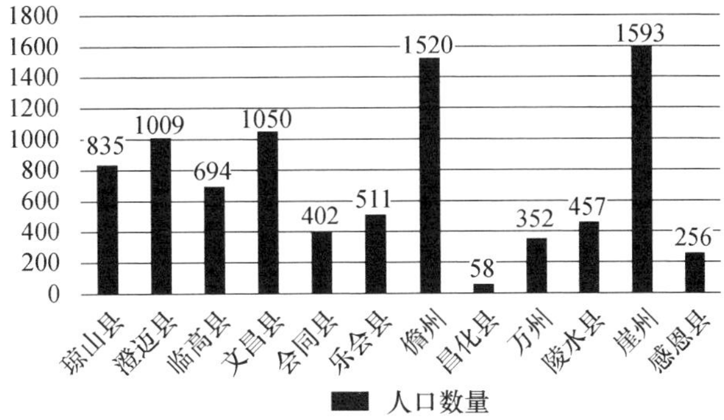

图 1-1　明代海南疍民人口统计图（来源：自绘）

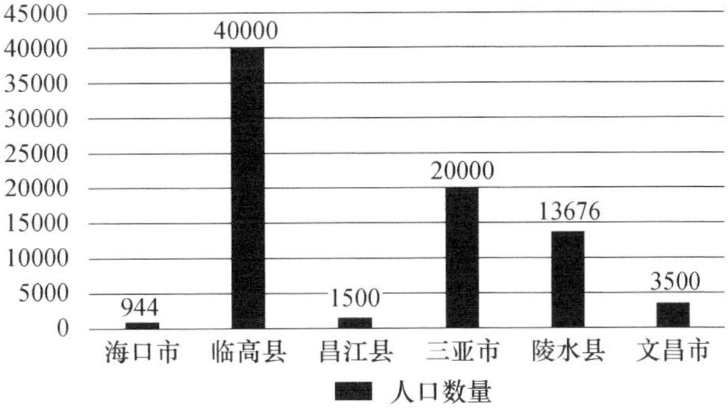

图 1-2　现今海南疍民人口统计图（来源：自绘）

1.2.2　聚落空间

聚落（settlement）通常指人类聚居的场所，聚落不仅是人类聚集的实体空间，还包含了人类在此地域内的生活方式、社会关系等，是一个复合的概念[12]。研究聚落需要涉及多层次、多维度的研究内容，涵盖自然生态系统、经济技术系统、社会组织系统和文化观念

[12]　余英．中国东南系建筑区系类型研究 [M]. 北京：中国建筑工业出版社，2001：116.

系统[13]。聚落的分类方式因自然地形与社会文化的不同存在多种划分方式而形成类型诸多、各有侧重的聚落空间。其中，根据空间性质可划分为适应生产生活的产业空间、居住空间以及仪式空间。以自然生态系统为基底，产业空间主要对应聚落的经济技术系统，而居住空间与仪式空间则主要对应聚落的社会组织系统以及文化观念系统。

在本书的聚落空间研究中，既包含人工居住环境的部分，也包含聚居的自然环境，更偏向于人文地理学所定义的聚落概念，以期更好地挖掘伴水而生的疍民族群与水、陆环境互动过程中形成的独特空间特征。进一步着眼于自然与社会环境变迁中的空间，即对空间进行实体扫描，更重要的是剖析聚落空间的形成与自然、文化的互动过程。

1.3 研究对象与研究内容

1.3.1 研究对象

本书聚焦海南陵水新村疍家聚落，研究的空间范围涵盖与新村疍家人生产生活息息相关的陆上聚落空间和水上聚落空间。从时间角度看，既包括传统时期的聚落空间，也包括现今城市化发展下的聚落空间，以期从历时性的角度把握动态发展过程中的疍家聚落空间特征，揭示其由水及陆过程中的空间变迁。此外，从空间层次上来看，既包括较为宏观的聚落空间分析，也包括微观的建筑空间以及节点空间的分析，试图建构起多维度的疍家聚落空间描述体系，探讨与疍民族群产生密切互动关系的不同层次空间的特征与文化表达（图 1-3、图 1-4）。

---

[13] 余英，陆元鼎 . 东南传统聚落研究——人类聚落学的架构 [J]. 华中建筑，1996（04）：48-53.

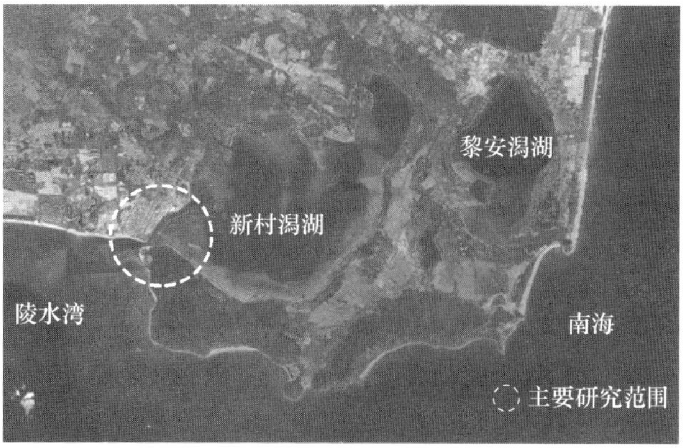

图 1-3 主要研究范围（来源：自绘）

图 1-4 主要研究的聚居地范围（来源：自绘）

1.3.2 研究内容

1.3.2.1 对新村疍家聚落空间发展演变的研究

对不断发展变化中的新村疍家聚落进行历时性的空间演化分析，研究不同时期、不同地理环境下所形成的疍家聚落空间形态特征。

1.3.2.2 对新村疍家聚落空间基本特征的分析

从宏观、中观角度切入，分析疍家聚落空间的选址环境、整体布局、街巷体系以及公共空间节点等，整体把握新村疍家聚落空间的基本特征。

1.3.2.3　对适应生计模式的聚落产业空间的分析

梳理疍家人不同发展阶段的生计模式，探究不同的生计模式所形成的聚落产业空间的分布、空间形态的发展演变以及空间节点的构成、整合与更新。

1.3.2.4　对适应社会结构的聚落居住空间的分析

结合疍家人的社会结构特点，基于水陆差异化的居住环境分析疍家人的居住空间类型，归纳总结疍家人对应社会结构的不同层级的居住空间特征。

1.3.2.5　对适应信仰文化的聚落仪式空间的分析

探讨新村疍家人的信仰文化与仪礼活动及其所对应的聚落仪式空间类型与特征，分析疍家人的空间利用方式，研究仪式过程中人与空间的互动关系。

1.4　相关研究综述

1.4.1　疍民族群的研究概况

从研究发展历程来看，20 世纪初便有学者对华南一带的疍民族群展开了研究，相关研究持续到 20 世纪 40 年代。此时期的研究关注疍民族群在中国近代化进程中的身份意识与民族认同。20 世纪 50 年代，中华人民共和国成立后，展开了如火如荼的社会文化调查与民族识别工作，疍民在此时期正式被认定为汉族的一支，而非具有独立文化系统的少数民族。20 世纪 60 年代至 70 年代，西方世界掀起“中国问题研究热”，但由于特殊的历史原因，国外学者多以港澳台地区与东南亚国家为基地，研究华人文化。这些学者积极地运用国外前沿的理论知识架构起疍民研究的框架，以疍民为支点，探讨华人世界的文化认知，留下了丰富的研究资料，并极大地促进了疍民研究的发展。改革开放后，疍民研究迎来一股热潮，有些学者试图在前期民族学研究的基础上做更深入的挖掘，另一部分学者则尝试从区域文化和族群理论的角度分析疍民的发展变迁[14]。如今，在我国“建设海洋强国”的新时代背景下，疍民族群和海洋的互动所形成的海洋文化成为新的研究切入点。

从学科研究的角度看，有关疍民的研究主要涉及历史学、民族学、人类学、社会学、地理学等，相关学者从不同角度切入对疍民进行了深入的研究。其中，历史学和民族学的研究开展得较早，主要就疍民的族源与历史进程等进行了广泛的研究。罗香林[15]、林惠祥[16]等人的研究表明，疍民来源多样，以古越族为主，奠定了学界对疍民来源认知的基本观点。随着研究的深入，近年来有关学者就疍民来源与历史发展提出了新的见解。其中，詹固坚[17]、吴永章[18]等在系统分析不同时期各种来源的文献资料后发现，南北疍民具有不同的来源，不可笼统地归属于同类。颜广文从音韵学、图腾文化角度切入剖析“瓯邓”与疍民的关系，认为“瓯邓”是疍民的正源[19]。关于海南疍民的族源研究，张朔人结合两广地区疍民研究基础与海南疍民相关文献分析指出，海南疍民以越人为主，与两广疍民存在密切关系，也包括“疍民化”了的政治难民[20]。周伟民和唐玲玲则在《海南历史（明清卷）》中简述了海南疍民的移民组成与全岛的分布情况。这些研究成果都为理解疍民历史提供了更多元的视角。此外，有些学者通过深入的田野调查，分析了历史时期疍民的生活、制度与文化，揭示了疍民

---

[14] 黄向春．从疍民研究看中国民族史与族群研究的百年探索 [J]. 广西民族研究，2008（04）：55-65.

[15] 罗香林．疍民源流考 [G]. 百越源流与文化．台北：中华丛书委员会，1955.

[16] 林惠祥．中国民族史 [M]. 北京：商务印书馆，1998：139- 141.

[17] 詹坚固．试论蜑名变迁与蜑民族属 [J]. 民族研究，2012（01）：81-91+110.

[18] 吴永章，夏远鸣．疍民历史文化与资料 [M]. 广州：广东人民出版社，2019.

[19] 颜广文．从“瓯邓”到疍民——疍民起源新解 [J]. 广东社会科学，2015（02）：140-145.

[20] 张朔人．海南疍民问题研究 [J]. 安庆师范学院学报（社会科学版），2007（02）：53-55.

文化的持久性源自该族群对于生存环境的黏着性[21]。

人类学与社会学方面，国内外的学者从不同角度切入做了相应的探索。国内学者中，陈序经的《疍民的研究》详细地从疍民的历史、社会与文化入手，多角度地阐述了疍民族群的特性，并在“疍民的生活”这一章节中对疍民的居住环境与居住方式进行了简略的描述[22]。伍锐麟在其著书《民国广州的疍民、人力车夫和村落》以及《三水疍民调查》中记录了具体地域的疍民社会，对疍民村落进行了细致的调查。另有经君健[23]、黄淑娉[24]、陈碧笙[25]、张寿祺[26]、黄新美[27]等学者对疍民的生产、生活文化，身份认同，族群互动等方面进行了研究，研究的广度逐渐扩大，研究范围主要集中在明清时期闽粤地带的疍民[28]。针对海南疍民的研究，主要包括张朔人[29]、刘莉[30]、管玉梅[31]、何化利[32]等人的研究，这些研究大多还是建立在闽粤研究的基础上，关注海南疍民社会的变迁，直面现代化进程中疍民的生存发展问题。国外学者对疍民的研究，主要集中在 20 世纪 60 年代至 70 年代的中国香港地区。日

---

[21] 叶显恩．明清广东疍民的生活习俗与地缘关系 [J]. 中国社会经济史研究，1991（1）：56-62.

[22] 陈序经．疍民的研究 [M]. 上海：商务印书馆，1946.

[23] 经君健．清代社会的贱民等级 [M]. 浙江：浙江人民出版社，1993.

[24] 黄淑娉．广东族群与区域文化研究 [M]. 广州：广东高等教育出版社，1999.

[25] 陈碧笙．关于福州水上居民的名称、来源、特征以及是否少数民族等问题的讨论 [J]. 厦门大学学报（文史版），1954（01）：115-126.

[26] 张寿祺．蛋家人 [M]. 香港：中华书局（香港）有限公司，1991.

[27] 黄新美．珠江口水上居民（疍家）的研究 [M]. 广州：中山大学出版社，1990.

[28] 赵莞丽．明清时期广东的水上居民 [D]. 广州：广东省社会科学院，2007.

[29] 张朔人．明清时代南海疍民的分层流动与社会身份重构 [J]. 古代文明，2014，8（03）：85-91+113-114.

[30] 刘莉．在场：海南疍家女性的空间、身体与权力 [J]. 开放时代，2019（01）：210-221+8.

[31] 管玉梅，黄诚，夏冬艳．生境变迁下海南疍民的生存现状调查 [J]. 文化学刊，2019（05）：29-34.

[32] 何化利．海南疍家身份认同问题研究——基于海南各港口疍民考察札记 [J]. 民族论坛，2016（07）：61-64.

本学者可儿弘明关注香港疍民的生存问题，从社会史的角度切入，深入地分析香港疍民的历史与现状，发现明清时期的香港疍民与海外华人世界存在密切联系[33]。美国人类学家尤金·安德森则从人类生态学的角度切入剖析香港青山湾的疍民，认为造成疍民与其他族群差异的原因是生态环境，而非文化起源[34]。英国人类学家华德英立足结构人类学，引入"意识模型"的概念研究香港滘西疍民，指出国人"意识模型"的多元性与复杂性是造成疍民被视作"异族"的缘由，但不同的"意识形态模型"存在相互转换的可能性，因而疍民身份的认同被其所处的社会环境所影响[35]。此外，萧凤霞[36]、穆黛安[37]等外国学者从疍民与海盗的关系切入研究华南社会的族群关系与区域文化。

地理学方面，曾昭璇从地理学的角度切入，系统地分析了岭南疍民的来源和分布[38]。另一岭南地理研究先行者司徒尚纪则在《中国南海海洋文化》一书中，主要阐述了岭南疍民的人地关系，分析其具有特色的海洋农业文化。吴水田和陈平平则从文化地理学的角度入手[39]，尝试从岭南疍民的人地关系变迁与族群文化演变切入，探析疍民文化从"亲水"到"离水"过程中的文化景观，并详细地论述了不同时期岭南疍民的居住文化景观[40]。地理学对疍民的研究正经历从传

---

[33] 可儿弘明．香港水上居民：中国社会史的断面 [M]. 东京：岩波书店，1970.

[34] EUGENE N.A，The Floating World of Castle Peak Bay，Anthropological Studies，W.H.Goodenough，ed. American An- thropological Association，Washington D.C，1993.

[35] 华德英．从人类学看香港社会——华德英教授论文集 [M]. 香港：香港大学出版印务公司，1985.

[36] 萧凤霞，刘志伟．宗族、市场、盗寇与疍民——明以后珠江三角洲的族群与社会 [J]. 中国社会经济史研究，2004（03）：1-13.

[37] （美）穆黛安．华南海盗（1790—1810）[M]. 刘平，译．北京：中国社会科学出版社，1997.

[38] 曾昭璇．岭南史地与民俗 [M]. 广州：广东人民出版社，1994.

[39] 吴水田，陈平平．岭南疍民文化景观 [M]. 北京：社会科学文献出版社，2017.

[40] 吴水田，司徒尚纪．岭南疍民舟居和建筑文化景观研究 [J]. 热带地理，2011，31（05）：514-520.

统地理学到人文地理学的转变，更多地关注疍民文化的空间占用以及文化的地理过程[41]。

近年来，随着国家对非物质文化遗产研究与保护的兴起，有一部分学者开始从民俗文化的角度切入研究疍民咸水歌[42]、服饰文化[43]、婚俗文化[44]等。关于海南疍民的研究中，这方面的研究占了绝大部分，旨在分析海南疍民文化的特色[45]，挖掘疍民文化的旅游价值[46]以促进区域的旅游开发建设[47]。

针对陵水新村疍家人的研究中，人类学学者刘莉将陵水新村作为田野调查点对当地疍家人进行了较为全面、深入的探索。在其先后发表的研究成果中，从生态人类学、海洋人类学等角度切入，剖析了新村疍家人基于海洋环境形成的居住格局、经济场景、社交场域、信仰模式等的特色[48]，并将新村疍家人的族群互动、性别建构、“做海”生计等融入更大背景的海洋文化的语境中[49]，凸显了新村疍家人的个性，为本书的研究奠定了良好的基础。

纵观各个时期各个学科的疍民研究，从社会学角度进行的跨学科研究取得了显著的成果，建构了疍民族群的基本认知。近年来，有关疍民的研究成果不断涌现，研究广度与深度也在逐渐加强，为后人的

---

[41] 吴水田，司徒尚纪 . 疍民研究进展及文化地理学研究的新视角 [J]. 热带地理，2009，29（06）：583-587.

[42] 黄妙秋 . 语言人类学视阈下的两广疍歌研究 [J]. 人民音乐，2014（02）：60-63.

[43] 吴水田，陈平平 . 广东疍民服饰文化景观的“亲水”个性及其演变 [J]. 广州大学学报（社会科学版），2013，12（07）：93-97.

[44] 董立功 . 广东疍民婚俗初探 [J]. 中国地质大学学报（社会科学版），2013（S1）：205-209.

[45] 张玲，黄桂玲 . 海南咸水歌的嬗变及其原因分析 [J]. 南海学刊，2017，3（02）：80-84.

[46] 管玉梅，王浩，夏冬艳，王树恩 . 我国民族文化旅游资源开发潜力的多层次灰色评价研究——以海南疍家文化旅游资源开发潜力评价为例 [J]. 科技通报，2017，33（10）：256-260.

[47] 黄丽华 . 海南疍家人的民俗文化及其旅游开发 [J]. 中州大学学报，2019，36（04）：55-58.

[48] 刘莉 . 被水束缚的命运 [D]. 北京：中央民族大学，2011.

[49] 刘莉 . 南海浮世——海上疍家的时空、身体与技艺 [D]. 广州：中山大学，2014.

研究奠定了坚实的基础。尽管如此，有关疍民的研究仍存在不足。首先，在研究地域的分布上，较多地集中在闽粤地区，海南等其他疍民广泛分布的区域还未得到更多的关注。其次，在研究视角方面，近年的研究成果多集中在疍歌、疍民服饰等非物质文化研究上。以海南疍民的研究为例，现有研究半数以上是关于海南疍歌的研究，整体而言较为单一。

1.4.2 水上族群聚落空间的研究概况

疍民作为一支特殊的水上族群，其聚落空间具有很强的亲水性与适水性特征。国内外的学者已开展了对不同地域水上族群聚落空间的研究，奠定了一定的研究基础。其中，国外建筑领域相关学者有关水上族群聚落与建筑空间的研究集中在水上族群广泛分布的日本与东南亚国家，以家船研究为切入点，为适应水上族群居住方式的变迁扩展至滨水棚屋与陆上住宅的研究，形成了较为丰富的研究成果。在日本学者中，畔柳昭雄从海洋建筑研究的视角切入，关注水上居住文化研究[50]以及水上空间环境设计[51]，以日本沿海聚落与东南亚水上聚落为研究对象，发展出水上聚落与建筑规划设计的相关理论。公立鸟取环境大学建筑史方向的浅川滋男教授从20世纪80年代开始便持续地关注水上族群的聚落与住宅空间，于2001年和2007年先后主持了聚焦东亚和东南亚水上族群聚落与住宅建筑的研究课题《東アジア漂海民の家船居住と陸地定住化に関する比較研究（2001—2003）》与《文化的景観としての水上集落論 - 世界自然遺産ハロン湾の地理情報と居住動態の分析（2007—2009）》。在前者的研究中，浅川滋男结合人类学、社会学等学科深入地分析了包括日本、中国、东南亚国家在内的水上族群的生存模式及其对应的聚落与建筑空间形态[52]，并进行

[50] 中村茂樹，畔柳昭雄，石田卓矢．アジアの水辺空間 - くらし・集落・住居・文化 [M]. 鹿岛：鹿島出版会，1999.

[51] 畔柳昭雄，市川尚树，舟冈德郎．消えゆくアジアの水上居住文化 [M]. 鹿岛：鹿島出版会，2018.

[52] 浅川滋男．東アジア漂海民と家船居住 [J]. 鳥取環境大学紀要，2003：41-60.

了相应的比较分析，突出了不同地区聚落与建筑空间的特色[53]。在越南下龙湾水上聚落的研究中，则主要对作为文化景观的浮村景观进行价值评价，并对当地水上族群的主要建筑——筏式住宅进行环境模拟与可持续性评估，探讨作为世界自然遗产的下龙湾景观的核心价值与未来发展方向[54]。另外，市川尚紀从可持续发展角度探寻东南亚水上聚落与建筑空间的环境适应性[55]；藤原美树、樽谷昭彦关注日本水上族群居住环境由水及陆的过程中家船的空间形式对陆上居所平面构成与空间布局的影响[56]。

国内建筑领域相关学者对水上族群聚落与空间的研究主要以港台地区为主。中国香港地区的相关学者主要围绕大澳村展开相关的研究，在对大澳村进行空间解析的基础上，探寻聚落的保护与更新规划设计。中国台湾地区的学者中，赖建宏聚焦淡水疍家棚，以整体性的观点来理解疍家棚与河滨环境的对应关系，并探讨低技术建造的疍家棚对环境的适应性，发现淡水疍家棚是以自身经济、社会条件为基础，维持人与环境的动态平衡所演化出来的本土建筑形态[57]。沙磊以福建省海上浮村三都澳作为研究对象，从对水上族群的日常生活调查出发，分析海上聚落的物质需求与精神世界所对应下的空间模式，并基于生活系统，以重新建构海上生活的图景[58]。区光风分析了位于仙本那地区的巴瑶水上族群的文化与民居类型，解析建筑的构造方式与

[53] 長沼さやか，浅川滋男，張漢賢．水上居民の家船居住と陸上がりに関する文化人類学的研究——中国両広とベトナムを中心に [J]. 住宅総合研究財団研究論文集，2007：64-76.

[54] 張漢賢，浅川滋男．世界自然遺産ベトナム・ハロン湾における水上集落の居住実態とその変容（その 1）[J]. 日本建築学会中国支部研究報告集，2007.

[55] 市川尚紀．東南アジアの水上集落に学ぶ持続可能な水辺都市のあり方 [J]. 都市計画，2009（278）：53-56.

[56] 藤原美树，樽谷昭彦．尾道吉和家船の陸上がりによる漁民住宅の形成に関する研究 [J]. 福山大学工学部纪要，2014.

[57] 赖建宏．“淡水蜑家棚”调查研究 [D]. 中原大学，2006.

[58] 沙磊．浮村之孤——重构三都海上聚落生活场景 [D]. 台南：成功大学，2016.

工序，并以设计介入的方式讨论巴瑶文化的演进[59]。相比之下，中国内地学者对疍家聚落与建筑空间的研究成果较少。其中，胡栋、郝心田从文脉传承角度切入，分析陵水新村疍家水上聚落的现状问题，提出适应疍民生活习惯与文化习俗的改造设计策略[60]。刘畅在其硕士论文《广州河南岛传统水乡聚落空间形态研究》中涉及“疍寮”的聚落空间形态研究，对包括聚落选址与布局、街巷肌理、单体平面、装饰构造等不同层次的空间形态进行了分析[61]。

整体来看，与我国相邻的日本与东南亚国家较早地介入了水上族群聚落空间的研究，研究视角多样，研究内容涵盖空间形态、可持续建造以及价值评价等，形成了较为丰富的研究成果。而国内相关研究中，对水上族群聚落空间的探索尚处于起步阶段，占据一定人口数量并具有特殊族群文化的疍家聚落长期被置于国内传统聚落与建筑空间的研究框架之外，研究相对滞后。

1.4.3 海南岛聚落与建筑空间的研究概况

海南建省前隶属于广东省，因而早期的研究多整合在有关岭南地域建筑的研究成果中。这一时期的研究成果关注海南岛特殊族群黎族的聚落与建筑，借鉴人类学、社会学的研究成果，以研究黎族船形屋为主，相关研究成果由刘耀荃于 1982 年汇编成《海南岛黎族的住宅建筑》，其成为较早介绍海南岛聚落与建筑的专著。

1988 年建省后的海南岛开始作为乡土建筑研究的地域分支被关注，有关聚落与建筑空间的研究视角与范围逐渐加大。海南省建设厅联合海南省勘察设计协会对海南岛范围内的传统聚落与建筑进行了考察，于 1999 年编写了《海南民族传统建筑实录》，书中涵盖了黎族、汉族、苗族、回族等传统建筑的介绍。2008 年，闫根齐编著出版了

---

[59] 区光风 . 浮村巴瑶 [D]. 台南：成功大学，2016.

[60] 胡栋，郝心田 . 基于文脉传承下的水上聚落重构设计探索——以海南新村港疍民聚落改造设计为例 [J]. 城市建筑，2016（33）：24-29.

[61] 刘畅 . 广州河南岛传统水乡聚落空间形态研究 [D]. 广州：华南理工大学，2020.

《海南古代建筑研究》，介绍了海南古建筑的历史发展过程，并聚焦典型案例分析了建筑的空间布局与装饰结构等。同年，杨卫平、王辉山、王书磊共同编写了《海南古村古镇解读》，从社会文化角度阐释聚落空间与建筑空间形态，解析传统村落形成的内在机制。有关海南岛聚落与建筑空间的研究从单体建筑扩展至更具整体性的聚落空间研究。

2010 年后，部分高校相继聚焦于海南岛聚落空间与建筑空间的研究，研究成果逐渐丰富，表现为研究内容从民居形态转向聚落空间、聚落景观等的研究，研究视角从建筑学域扩展至文化地理学、类型学、景观学的跨学科研究。其中，贾俊茹[62]、李超[63]、蒋哲尧[64]分别分析了海南汉族聚落的空间形态，并挖掘了对应空间的文化内涵。杨定海于 2013 年发表博士论文《海南岛传统聚落与建筑空间形态研究》，系统地分析了海南岛聚落的发展历史以及汉、黎族群的聚落与建筑空间特征，阐释了海南岛聚落与建筑空间的形态分异及其内在机制，并提出聚落保护发展的相关建议，较为全面地呈现了海南岛聚落与建筑空间的特色。随后，谢丹[65]、方赞山[66]、徐琛[67]、季博[68]等人分别从分形量化理论、文化地理学等角度切入，进一步研究聚落空间形态与乡土建筑类型。另外，裴保杰[69]、黄莉[70]等以海南汉族传统聚落景观为研究内容展开了深入的分析。潘莹等则从比较

[62] 贾俊茹 . 海南文昌近代民居空间形态研究 [D]. 武汉：华中科技大学，2010.

[63] 李超 . 文昌十八行“梳式”聚落的成因及形态特征研究 [D]. 武汉：华中科技大学，2011.

[64] 蒋哲尧 . 琼北传统民居形制研究 [D]. 武汉：华中科技大学，2012.

[65] 谢丹 . 琼北乡村聚落空间形态解析 [D]. 海口：海南大学，2015.

[66] 方赞山 . 海南传统村落空间形态与布局 [D]. 海口：海南大学，2016.

[67] 徐琛 . 基于文化地理学的琼北地区传统村落及民居研究 [D]. 广州：华南理工大学，2016.

[68] 季博 . 海南乡土建筑类型研究 [D]. 海口：海南大学，2016.

[69] 裴保杰 . 自然地理因素对海南岛东北部乡村景观空间结构影响研究 [D]. 海口：海南大学，2015.

[70] 黄莉 . 海南岛汉族传统聚落景观基因图谱研究 [D]. 海口：海南大学，2017.

分析的视角切入，对海南岛不同民族民系的聚落景观空间特征进行了论述与对比研究[71]。

从现有的研究成果可以发现，海南岛聚落与建筑空间的研究整体起步较晚。从研究对象上看，现有研究成果早期以研究黎族聚落为主，之后逐渐向汉族聚落倾斜，但少有在族群细分的基础上，针对回族、疍民等少数族群聚落空间的研究。另外，从研究视角与研究内容上看，主要借鉴传统建筑学的静态分析方法，聚焦于空间表层形态的研究，对空间演变的动态分析与空间深层结构的剖析略显不足。

1.5 研究意义

理论意义：建筑学领域内对聚落空间进行研究时往往以静态的眼光关注空间实体的物质性与技术性知识，对动态的人的活动与空间的互动等研究较少；而文化人类学虽擅长对人及其所处的社会进行研究分析，但在物质性与技术性的空间知识层面具有一定的局限性。本书综合建筑学的技术性视角与文化人类学的人文性视角，探索多学科研究在聚落空间中的应用。此外，由于涉及疍家聚落空间的研究相对较少，使得疍民族群物质文化研究的深入展开受限，在一定程度上造成了族群文化的空缺与丢失。本书在人类学、社会学的研究基础上，关注新村疍家人生存发展的聚落空间，记录随环境变迁、时代变迁而不断演进的聚落空间形态与特征，阐释不同聚落空间与人的互动，促进族群文化多样性的建设。

实践意义：疍家文化是海南特色旅游资源中的一部分，随着海南国际旅游岛与自由贸易港建设的深入展开，分布于海南岛沿海的疍家聚落在开发建设热潮中最先成为被改造的对象。由于缺乏对海南疍家聚落空间的研究，导致在开发过程中许多珍贵的区域文化被忽视。本书以海南典型疍家聚落陵水新村为例，对其聚落空间进行

[71] 潘莹，蔡梦凡，施瑛．基于语言分区的海南岛民族民系传统聚落景观特征分析 [J]. 中国园林，2020，36（12）：41-46.

深入的研究分析，有助于疍家聚落的建设发展以及疍家文化的保护传承与开发利用。

1.6 研究特色

研究对象上，本书聚焦特殊的水上族群——疍民的聚落空间，是为数不多针对疍民族群聚落空间的研究。研究的空间范围涵盖生产、生活空间等多层次的空间，包含了适应水陆空间形成的多种空间类型。通过对聚落空间历时性发展变化进行梳理，试图清晰地展现不同时期、不同类型的疍家聚落的社会文化氛围与空间特征。

研究方法上，本书采用跨学科的研究方法，借鉴文化人类学、类型学、景观学、地理学等学科的相关理论与方法，探讨人类的生计模式、社会结构、信仰文化在聚落空间中的文化表达，挖掘聚落空间发展过程中的人地互动关系，结合新村疍家人与水环境的密切互动与随时代不断变迁的基本背景，以动态的视角，观察疍家聚落与建筑空间的演变，将聚落空间视作人类事件发生的场所及族群文化发展与更新的“再造者”。通过记录聚落空间实体，描绘疍民族群生活生产的空间图景，揭示聚落空间特征，探寻聚落空间发展的文化内核。

1.7 研究方法和研究框架

1.7.1 研究方法

本书基于跨学科的研究视角，主要借鉴了包含文化人类学、类型学与人居环境科学在内的相关理论与研究方法展开新村疍家聚落空间的研究。

1.7.1.1 文化人类学

文化人类学研究人类社会包含物质文化、制度文化以及精神文化在内的若干层面，旨在探析人与环境、人与社会、人与自我之间的相互关系[72]。早期人类学对空间的关注主要聚焦于挖掘多样性建筑的成因以及空间中的符号及其象征意义。随着相关理论的发展，转而关注空间的生产性与能动性[73]。早在20世纪60年代，国外建筑学者拉普卜特便提出，文化因子是影响建筑空间形态的主要因素。20世纪80年代，国内建筑学者陈志华、陆元鼎等借鉴文化人类学的相关理论对传统聚落与民居建筑进行了深入的分析，关注空间实体背后的文化内涵，建构了乡土建筑的研究范式。随后，文化人类学作为一种研究方法在聚落研究中的应用越来越广泛，主要从经济技术、社会结构、宗教信仰等角度分析聚落与建筑空间，帮助理解空间形态的深层结构与内涵。

作为特殊的水上族群，疍家聚落空间“生成”的内在逻辑存在多维度的文化关联，通过借鉴文化人类学的研究架构与研究方法，在对聚落进行考察时提取与疍民生产生活紧密相关的生计模式、社会结构以及信仰文化等文化要素来挖掘其与聚落空间形态之间的关系。其中，生计模式是疍民为生存发展适应自然与资源的结果，以经济生产为基础，对应聚落的经济技术系统而形成与之相适应的产业空间类型与特征；社会结构是疍民个体与群体间组织方式的反映，包含家庭、家族等组织形式，对应聚落的社会组织系统，并主要作用于聚落的居住空间；信仰文化关乎个体的精神追求，疍民基于相同的信仰形成了地域性的祭祀圈，并创造出多样化的仪礼活动，对应聚落的文化观念系统形成不同类型的仪式空间（图1-5）。

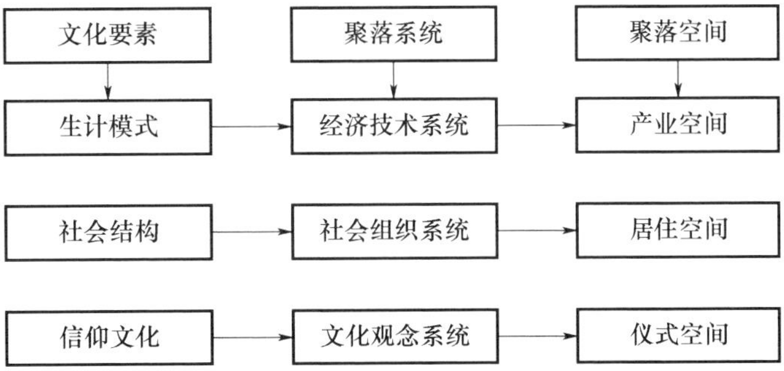

图1-5 文化要素与聚落空间关系（来源：自绘）

[72] 周大鸣．文化人类学概论[M]. 广州：中山大学出版社，2009.

[73] 尤小菊．略论人类学研究的空间转向[J]. 西南民族大学学报（人文社科版），2010，31（08）：67-71.

基于文化人类学的研究框架，本书采用作为人类学基本研究方法的田野调查法展开具体的资料收集与研究分析。在田野调查中，通过前往研究对象所在地进行参与式观察、访谈、问卷调查、摄影等，获取有关研究内容的第一手资料，可直观地感知当地文化。由于历史原因，关于疍家人社会文化与聚落空间的文献资料相对匮乏，这加大了研究的难度。笔者先后前往新村进行为期半个月的田野调查，采用参与式观察法、访谈法等进行资料的获取与空间的观察。根据研究框架，有针对性地预设调研与访谈内容，借助建筑调查资料卡、访谈内容列表等调研手段，在当地人的带领下，分阶段针对不同的研究内容展开调研，获得关于新村疍家人发展的口述史，建立起特定族群文化发展的认知，进一步了解当地疍家人的生产与生活形态，形成对疍家人空间形态与空间特征的具体认知，并从当地人身上观察其对空间的利用组织方式，加深对人与空间互动关系的理解。

1.7.1.2　类型学

类型学作为建筑学相关研究的常用方法之一，广泛应用于有关空间形态的研究中。在涉及历时性与共时性的聚落空间研究中，类型学有助于在复杂问题中从空间的相似性中聚焦研究的主要问题。基于新村疍家聚落包含了水上聚落空间与陆上聚落空间的聚居模式，依托自然环境基底、产业类型、社会形态与精神观念形成了多元的空间形态，包含多种类型的聚落与建筑空间。以空间功能、空间形态等为类型研究，结合疍家聚落的空间发展，划分出不同的空间类型以帮助解析动态发展过程中聚落空间形态的特征。例如，在居住空间的研究中，归纳总结出疍家聚落四种不同的居住形态及其所对应的家屋空间类型分别为住家船、疍家棚、长屋以及渔排。

1.7.1.3　人居环境科学

人居环境科学是将地理学、建筑学、规划学、景观学、社会学等多学科交织在一起的大系统，着重研究人与环境之间的相互关系，并强调把人类聚居作为一个整体[74]。本书从人居环境所包含的自然系统、社会系统、居住系统等切入，整体考虑不同人居环境对象的关联，对不同时期、不同空间尺度的疍家聚落空间进行研究，关注建筑与整体环境的共融与互动关系。具体而言，将景观学、地理学关注的人地互动运用到聚落产业空间与居住空间的研究中，分析疍家人与海洋环境与陆地环境互动形成的聚落空间特征，并运用建筑学、规划学的空间分析、实体测绘等方法分析疍家人的聚落与建筑空间实体。通过归纳空间的共通性的特征，把握疍家聚落空间的典型特征，进一步分析聚落空间形成过程中的自然、社会、文化因素的作用机制。

[74] 吴良镛 . 人居环境科学的探索 [J]. 规划师，2001（06）：5-8.

1.7.2 研究框架（图 1–6）

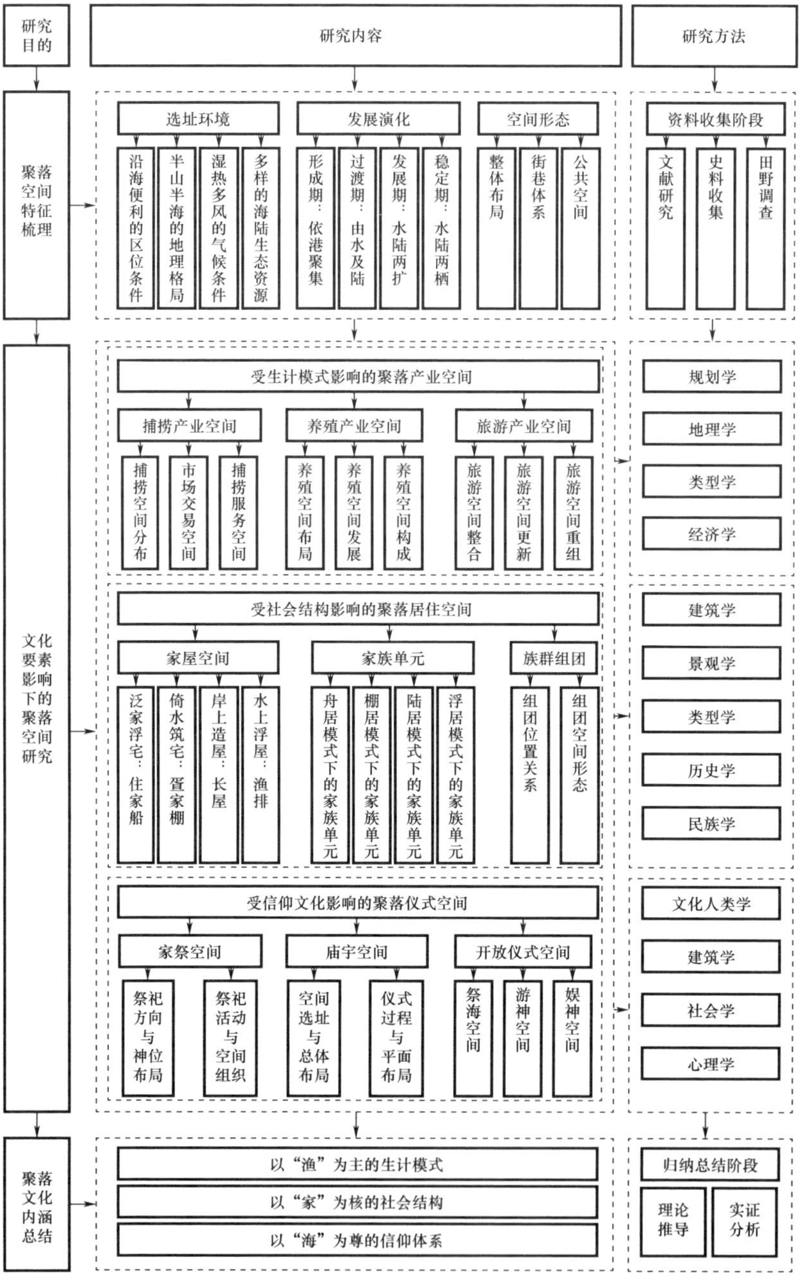

图 1-6 技术路线图（来源：自绘）

2　新村疍家聚落空间的基本特征

传统聚落空间往往是自然人文环境要素在不同空间层面作用的结果。本章将从宏观层面的特征要素，即聚落的选址环境、整体布局以及中观层面的街巷体系以及公共空间节点等不同层级的聚落空间形态着手分析新村疍家聚落空间的基本特征，并梳理疍家聚落空间适应时代变迁与环境变迁的发展演变历程。

2.1　选址环境

2.1.1　沿海便利的区位条件

新村疍家聚落坐落于海南岛东南部，位于陵水黎族自治县的重要滨海镇区新村镇新村港湾内，东与黎安镇隔湖相望，西与英州镇相邻，南濒南海，北接三才镇。在镇域范围内，新村疍家聚落处于镇区中心，新村潟湖出海口处，与南湾猴岛相对。所处地区介于北纬 18° 25’、东经 109° 58’之间，属热带滨海地区。

新村疍家聚落内外具有便捷的海陆交通。陆路方面，新村疍家聚落距海南岛南部重要城市三亚市 50km，经环岛东线高速公路与环岛东线铁路相连。此外，镇区内有海榆东线公路贯穿，连接 12km 之外的主县城及临近的各个旅游景区。海路方面，沿着东部海岸线向南依次经陵水湾、海棠湾、亚龙湾与三亚相接。从新村港出发，向北航行 45 海里可到达潭门渔港，向南航行 34 海里可到达三亚渔港，往远海东南方向约 120 海里便是西沙群岛（图 2-1）。

凭借良好的区位条件，新村港在清咸丰年间逐渐形成港市，吸引着众多船商渔户前来贸易。如今已发展成为海南东部沿海重要的港湾，与海南岛的各大港湾联系形成我国东南沿海通向东南亚、南亚的海上贸易路径。

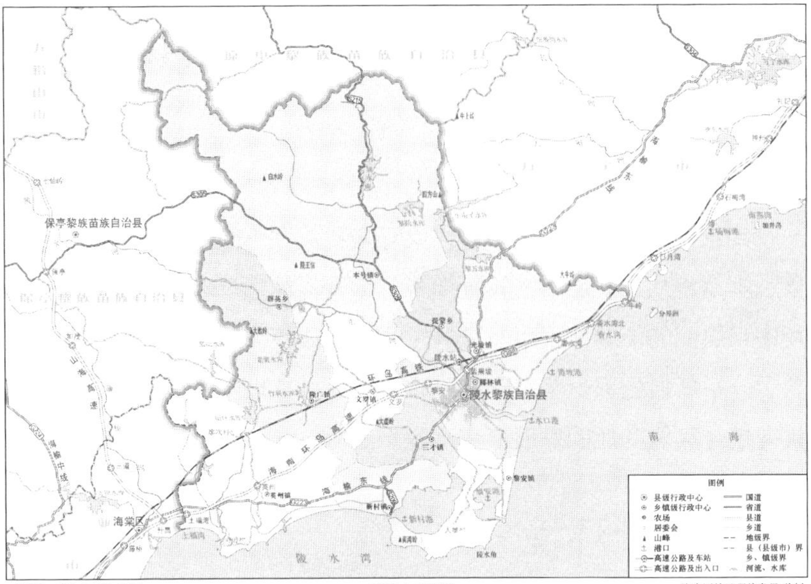

审图号：琼S（2021）019号　　比例尺 1∶300000　　海南测绘地理信息局 监制

图 2-1　陵水黎族自治县地图（来源：自然资源部）

2.1.2　半山半海的地理格局

新村疍家聚落分布于滨海浅滩地上，地势平坦，所处自然环境优越，具有“一湾、一湖、一岛、两河、六岭”的地理格局，形成了“半山半海”的滨海特色景观，各地理环境要素共同塑造了新村独特的山海环境格局（图 2-2、图 2-3）。

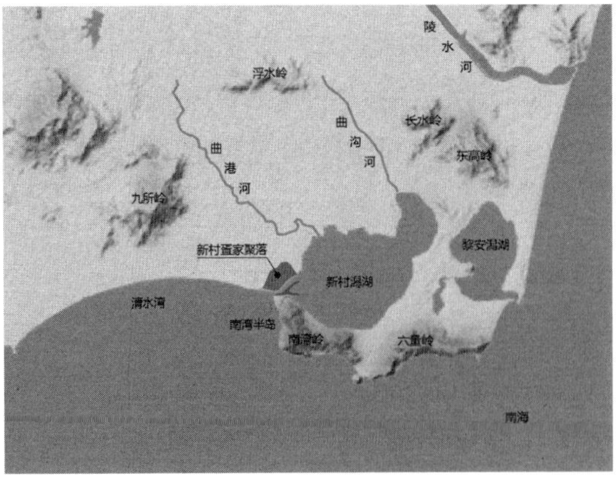

图 2-2　新村镇地理环境要素（来源：自绘）

图 2-3　新村航拍实景图（来源：自摄）

“一湾”，指的是清水湾，是由北向南连接新村镇与临近英州镇的海湾。其海岸线呈弧形，全长约 12km。海水清澈，能见度高，并且沙质较为细软，是优质的滨海旅游资源。

“一湖”，指新村潟湖，是海南岛为数不多的潟湖港湾，属于“沙坝—潮汐汉道—潟湖”海岸体系（图 2-4）。潟湖整体形态为腹大口小，封闭性较高，仅留一宽度较小的出海口与外海连接，称为“口门”[75]。潟湖内，南北长约 4km，东西宽约 6km。湖内水深分布具有边浅中深的特点，平均水深 3.6m，低潮时最大水深可达 11m。港内海水温度常年保持在 17 ～ 30℃，平均盐度为 18.3%，符合海水养殖的水文条件[76]。另外，潟湖周围山岭环绕，湖内风平浪静，避风条件好，形成了得天独厚的天然潟湖型港湾（图 2-5）。

[75] 龚文平，陈明和，温晓骥，莫李帅．海南陵水新村港潮汐汉道演变及其稳定性分析 [J]. 热带海洋学报，2004（04）：25-32.

[76] 顾智．海南陵水新村潟湖遥感水深反演及演化成因研究 [D]. 南京：南京大学，2018.

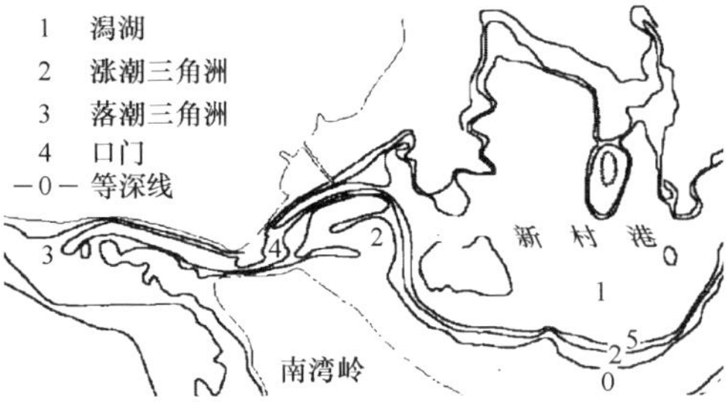

图 2-4 “沙坝—潮汐汊道—潟湖”海岸体系（来源：参考文献 [75]）

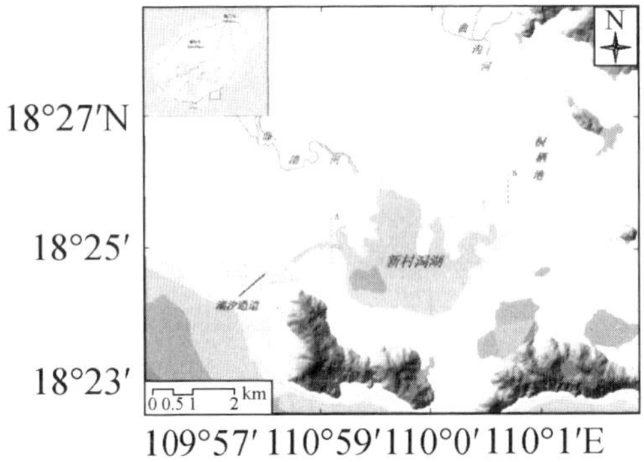

图 2-5 新村潟湖地形（来源：参考文献 [76]）

“一岛”，指南湾半岛，隔着潟湖出海口与港口相望，山体呈东西向延伸近千米。岛上森林覆盖率高，是潟湖南部的生态屏障，具有多样的生态系统。

“两河”，即曲港河与曲沟河，分别从潟湖西北岸和北岸蜿蜒汇入，孕育了红树林滩涂湿地，但也形成了一定程度的泥沙淤积。

“六岭”则指环绕新村港的九所岭（400m）、浮水岭（200m）、长水岭（240m）、东高岭（300m）、六量岭（190m）以及南湾岭（190m）。环绕的山岭有效地阻挡了从海面吹来的强风。

2.1.3 湿热多风的气候条件

气候方面，新村疍家聚落所处地理区位属于热带季风海洋性气候，主要气候特征表现为夏季炎热多雨，冬季温暖湿润。全年平均气温约为25.3℃，七月最高气温为34℃，一月最低气温为18℃。年平均降雨量约为1800mm，主要集中在每年的8～10月份，干湿季分明，夏秋多雨，冬春干燥。全年的平均相对湿度约为80%。

灾害方面，新村每年大约会受到4个台风的影响[77]。台风最大风力可达到12级，具有一定的破坏力，并伴随着强降雨而造成洪涝灾害[78]，是影响新村的主要自然灾害。此外，历史上还曾发生地震、小型海啸等自然灾害，由于其发生频率较低且灾害程度较小，因此对新村的影响较小。

2.1.4　多样的海陆生态资源

新村疍家聚落区域范围内拥有海洋、河流、山体、岛屿、海湾、滩涂等多样的地形地貌，促进了当地生态资源丰富度的形成。地处重要港湾，丰富的海洋资源是其特色。临近渔场的海洋鱼类多达700种，包含经济价值较高的马鲛、石斑、龙虾等40多种名贵海洋品种（图2-6）。港湾内外，则分布有珊瑚礁、红树林与海草床三大海洋生态系统，形成了海岸带天然的生态屏障，为海底生物提供了理想的栖息场地（图2-7）。此外，区域气候温和，雨量充沛，四周葱郁的山岭，成为陆地动植物生存繁衍的优良栖息地，形成南湾猴岛等富有地域特征的自然旅游景观资源[79]（图2-8）。

[77]　http：//lingshui.hainan.gov.cn/mlls_57671/lsgl/zrzy/201507/t20150715_1133253.html.

[78]　李君海．热带气旋影响陵水县降水的不同强度特征[J].广东气象，2011，33（04）：37-40.

[79]　http：//lingshui.hainan.gov.cn/mlls_57671/lsgl/zrzy/201507/t20150715_1133253.html.

图 2-6　丰富的海产品（来源：自摄）

图 2-7　潟湖浅滩处的海草（来源：自摄）

图 2-8　南湾猴岛上的猕猴

2.2 发展演化

根据位于南湾半岛的“石贡遗址”考证，4500 年前，新村疍家聚落附近已有人类活动的痕迹。新村于清朝末年（1851 年后）依托港口形成港市，光绪末年约有 11 户居民。到了民国十六年（1927 年），发展到了 60 余户。随后经历了“日伪政权”、中华人民共和国成立后的乡公所、村公社等行政管辖的变化，于 1958 年成立新村人民公社，将新村疍家人划分成三个渔业生产大队，即海鹰、海鸥、海燕渔业大队，简称“三海社区”。到如今，新村镇已发展成为乡（镇）一级行政建制[80],新村港被列为国家一级群众渔港。目前“三海社区”的疍家人口总数约为 8300 余人，近 1750 户（图 2-9、图 2-10）。

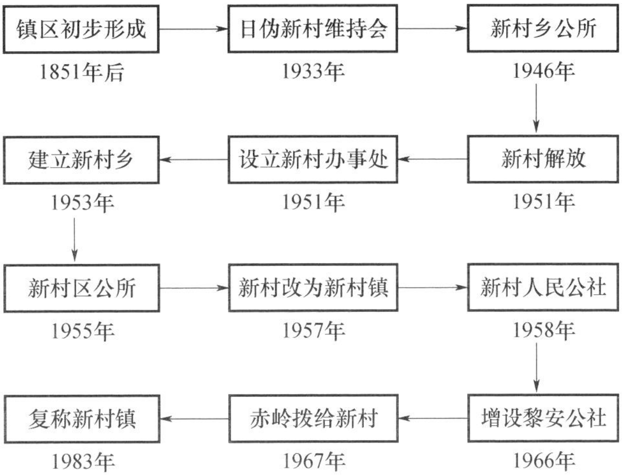

图 2-9　新村发展历史沿革（来源：自绘）

[80]　陵水黎族自治县新村镇委镇政府 . 新村镇志 [M]. 海口：海南新闻出版局，1993.

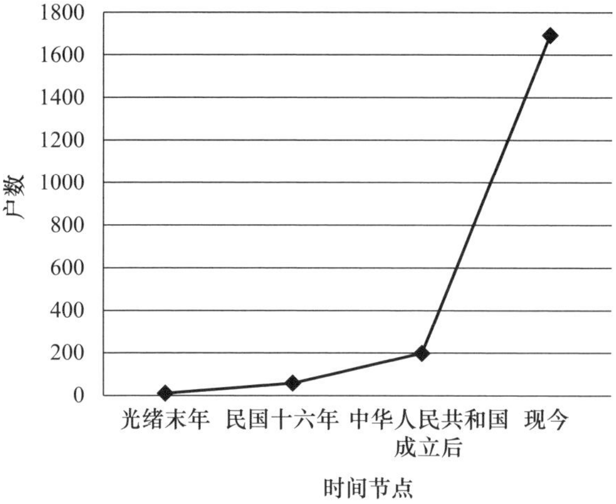

图 2-10　新村人口变迁图（来源：自绘）

在此发展过程中，随着人口的增长与产业的发展，新村疍家人经历了依港聚居、由水及陆、水陆两扩、水陆两栖的聚居过程，聚落空间的形式发展可大致划分为形成期、过渡期、发展期、稳定期四个发展阶段与演变过程，聚落空间在水陆环境之间不断变化。

2.2.1　形成期：依港聚居

新村疍家人大多是在清末年间从福建、广东沿海一带迁徙而来。传说二百多年前，新村疍家人的祖先遭到迫害与驱赶，不得已漂洋过海到南洋谋生，有一部分疍家人则在途经海南岛时，依托各大港湾的地形地物与沿海经济，在港口内依港聚居形成了小规模的水上舟居聚落。

新村疍家聚落所处的港湾古称“桐栖港”，《乾隆陵水县志》记载“桐栖港在城南三十里。外通大洋，内为商艘停泊之所，广、潮二府商贾于此运载槟榔、糖、藤等货。自七月以后占风不顺，商艘即不出港。每年粤海关派书役征收饷税，于二月来，七月去。港内有渔船二十余，朝出暮归”中可知[81]，“桐栖港”是当时著名

[81]　[清] 潘廷侯，瞿云魁 . 康熙陵水县志，乾隆陵水县志 [M]. 海口：海南出版社，2004.

的渔、商港口，聚集着商艘渔船，为漂泊不定、无产无业的疍家人提供了生计可能（图 2-11）。另外，“桐栖港”的地形地势与气候条件保证了疍家人水上生活的自然环境条件，利于海上人家船屋的长期停泊和捕鱼船的停靠。新村疍家人的祖先综合了社会经济与自然地理环境要素而最终选择在“桐栖港”停泊聚集。

图 2-11　古桐栖港

聚居的空间依托港市形成，起初位于潟湖内部，但由于“桐栖港”淤泥阻塞不利于船只停泊，因此港口不断向外移，外移过程中曾先后出现过“桐栖”“灶仔”“新村”三个港市，“桐栖”与“灶仔”因港口迁移而废，被位于出海口处具备良好停泊条件的“新村”港市所替代。这种变迁过程，相对于“桐栖”与“灶仔”而言，“新村”是新兴的港市，当地人以“新”将其命名以区别于旧的港市（图 2-12）。

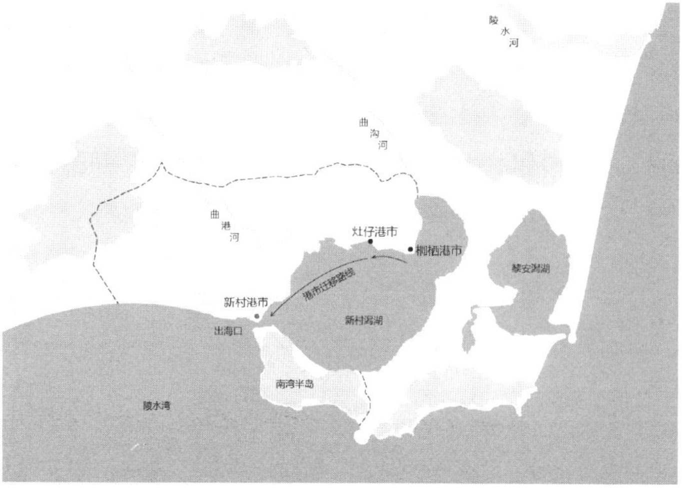

图 2-12　港市变迁过程（来源：自绘）

尽管临近出海口的新港口风浪更大，致使海面起伏较多，对于船舶的停留而言，会造成较大的晃动而不利于船上活动的进行，但从区位上看，新港口更方便疍家人的出海捕捞作业，能在较短时间内到达捕捞场所而节省捕捞作业时间。疍家人逐渐适应了新的港口环境，船只不断聚集，沿着港湾紧密排列。这一时期的港湾岸线多为自然岸线，随着海水的涨落，渔船停泊的场地离港市的距离存在着远近的差异（图 2-13、图 2-14）。

图 2-13　港湾中的疍家渔船（1960）

图 2-14 依港聚居的疍家渔船（1960）

2.2.2 过渡期：由水及陆

中华人民共和国成立前，新村疍家人以舟居为主，沿港湾聚居于水上。中华人民共和国成立后，在一系列内外因素的影响下，新村疍家人开始尝试向陆地过渡、上岸居住。

早期新村疍家人上岸聚居的过程多是从自身生产生活及心理需求等方面出发，主动寻求居住环境的改变。生产方面，船只的修理、渔获交易等活动增加了疍家人上岸的频次，与陆上人的交往日益频繁起来。生活方面，由于特殊的海上作业方式存在很大的危险，年幼的孩童与年迈的老人不便随船出海，需要更安稳的空间保障疍家老小的生活。心理层面，长期在海上漂泊无依的疍家人始终希望能在陆地定居，随着疍民被划分为汉族的一支，疍民不可上岸的禁令被废除，其社会地位得到一定程度的提升与认可，疍家人拥有了上岸居住的权利。但对于无产无业、游牧耕海为生的新村疍家人而言，早期其可支配的土地多介于水陆之间的滨海浅滩处，新村疍家人便在“离地三尺三，离水三尺三”处搭建高脚棚屋，每户一棚，称为“疍家棚”（图 2-15、图 2-16）。一个个“疍家水棚”沿着海岸依次排布，朝向潟湖出口，形成了排列整齐的棚居聚落（图 2-17）。

图 2-15　新村棚居聚落意向图（来源：2020 年首届疍家文化节宣传展板）

图 2-16　新村棚居形态意向图（来源：2020 年首届疍家文化节宣传展板）

图 2-17　向岸过渡的聚落空间形态示意（来源：自绘）

新村人民公社成立后，政府于1958年计划对港市进行规划改造，鼓励新村疍家人上岸建造房屋。长期漂浮在海上的疍家人没有土地的归属权，由政府统一在距港口几百米远的荒滩处给疍家人规划分配宅基地。由于疍家人的一艘船就是一个家庭，政府以分条田的方式给疍家人分配建设用地，以道路划分的形式确定"三海社区"的聚居范围。每家分到的宅基地多为长条状，各家再依据自身家庭的情况在建造房屋时隔出对应的间数。在政策的带动下，1975年11月后，大多数新村疍家人已上岸居住，从临水棚屋移居到陆上的房屋，获得了更稳定、坚固的陆上居所（图2-18）。

图2-18　向陆迁居的聚落空间形态示意（来源：自绘）

2.2.3　发展期：水陆两扩

20世纪80年代，在联合国的组织下，有关专家前往新村，对潟湖的水文环境、生态环境等进行了全方位的考察，依据数据结论将新村潟湖认定为达到国际标准的海水养殖基地。随后，由香港养殖公司先行在新村港内建立起浮式网箱渔排，进行养殖实验，结果实验大获成功。凭借此契机，养殖产业形态被引入新村，越来越多的疍家人加入到渔业养殖、珍珠养殖等海上养殖的行列中。为方便养殖生产管理，上岸疍家人又陆续迁回到水上居住，一时之间在新村潟湖水面上建造了许多由网箱和浮屋组成的“渔排”，每家每户的“渔排”相互连接，规模达到数百个之多，聚集了超过千人的居住人口，在海湾间建构了以生产为驱动力的水上聚落，新型的水上居住模式因此兴起，新村疍家人重新拥有了固定的水上居所（图 2-19）。

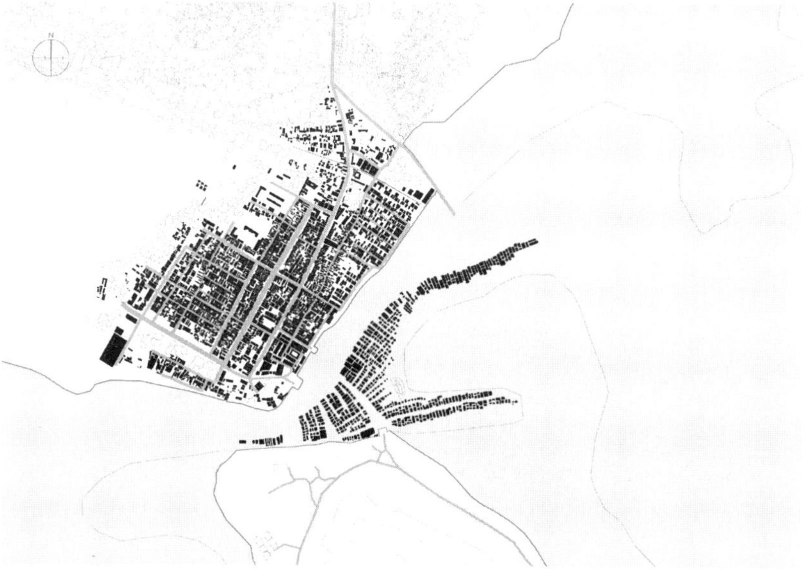

图 2-19　发展期聚落空间形态示意（来源：自绘）

此外，由于人口的不断增加以及城镇的发展，陆上聚落空间向外延伸扩展的速度加快，功能空间趋向复杂多样。这一时期的疍家聚落在产业经济、人口增长的影响下同时在水陆进行双向扩展，形成了互补的水陆聚居地。

2.2.4　稳定期：水陆两栖

2000 年后，新村疍家人的产业与人口处于相对稳定的状态，陆上空间主要是在现有聚落外围增加新建的现代楼房，增长相对缓慢。水上部分则向湾底发展出东南—西北方向的渔排组团，增长较快。大部分疍家人拥有岸上房屋与水上渔排两处居所，少量则居住于现代船屋上，聚落空间形态基本稳定。随着疍家人的经济生活场所与陆地空间的联系日益紧密，再加上土地资产价值提升等因素的影响，陆上居所成为疍家人融入城镇化现代生活的据点。水上渔排对于疍家人而言，则是重要的产业生产与传统生活的据点。疍家人基于不同的生产生活需求，逐渐形成了水陆两栖的聚落空间（图 2-20）。

图 2-20 稳定期聚落空间形态示意（来源：自绘）

2.3 聚落空间形态

疍家聚落的空间形态是疍民族群所处的自然环境与历史文化要素长期作用下的物化外在表征，蕴含了疍家人与海陆环境互动形成的人地关系内涵，展现了族群文化交往互动的痕迹，是不同维度空间层次形态特征的总和[82]。作为水上族群的新村疍家人，在水陆不同的生存环境背景下，形成了各自独特的聚落空间形态。在纵向发展历程中，疍家人经历了从“亲水”到“离水”聚居方式的转变，聚居的自然环境与社会环境的变迁影响着疍家聚落空间形态。

[82] （美）戈登・威利 . 聚落与历史重建——秘鲁维鲁河谷的史前聚落形态 [M]. 上海：上海古籍出版社，2008.

2.3.1 整体布局

聚落空间整体布局是宏观层面的聚落空间形态特征要素，呈现聚落空间的整体结构与形态，与自然环境之间具有密切的关系。纵观不同时期的新村疍家聚落可以发现，陆上与水上聚落空间的整体布局在水陆环境的分异影响下存在显著的差异，遵循着不同的空间发展与建构逻辑（图 2-21）。

图 2-21 聚落整体布局图（来源：自绘）

2.3.1.1 陆上聚落空间整体布局

疍家陆上聚居地选址在较为平坦的沿海荒滩地上，用地选址面朝大海呈直角形，一侧临近潟湖，另一侧面朝外海。出于避风考虑，聚落空间优先朝潟湖一侧的港湾发展，并以此为基准，不断地向陆地推移。整体来看，由于受地形限制较小以及陆居空间形成较晚的限制，受人工干预较大，其布局较为规整，为团块式布局，具有明显的规划特征。

在发展过程中，基于平行于港湾的主道路系统以网格划分的形式区分出若干个居住空间组团。不同的组团空间内部，空间布局存在些许差别。靠近港湾的居住组团街区规模较大，路网密度较小，平行于港湾呈长条状布局。相对地，远离港湾的居住组团的街区规模较小，路网密度较大。组团间空间联系紧密，界限清晰，组团内则具有较高的建筑密度。而聚落东北部以及西侧最边缘的居住组团由于建设年代较晚，居住人群为其他汉民系族群，则多采用梳式布局的方式，以纵向组织方式为主。聚落的居住组团呈现中部密集、外缘松散的布局特点（图 2-22）。

图 2-22　水陆聚落空间关系（来源：自摄）

2.3.1.2　水上聚落空间整体布局

水上聚落所处的潟湖，表面上看水面辽阔平静，水下地形却具有不规则分布的特点。根据养殖空间要求，适宜的水深需为 3m 以上，这直接影响了水上聚落的空间分布以及空间形态的形成。为适应水下地形条件与满足养殖生产的空间需求，在空间发展的过程中，逐渐形成了独特的“Y”字形布局，由口门向湾底沿两侧海岸形成多个水上空间组团，组团的形态与规模根据水下地形不尽相同，规模较大的组团沿海岸呈带状可延续上百米，而小的组团仅由几个“渔排”组成，呈团块状。各组团界限清晰，以水为界，互不相连。组团内部建筑密度低，为散点式布局，错落有致（图 2-23）。

图 2-23　水陆聚落空间布局（来源：水印天）

2.3.2　街巷体系

街巷空间是疍家聚落空间的支脉，具有不同的层级关系而发展出交错联结的街巷体系。功能层面，街巷的主要作用是作为联系疍家聚落内部各空间要素的交通路径。但对于依托路网发展起来的疍家聚落而言，街巷还承载了交通以外的交往活动与文化组织活动，而成为疍家人生活展演的外部舞台空间 [83]。

基于特殊的水陆环境，新村疍家聚落的街巷体系包含陆路与水路两个系统，所对应的街巷体系存在较大的差异，具有不同的街巷发展方式、街巷格局、街巷空间尺度以及街巷空间利用。水陆街巷系统之间主要通过作为街巷节点空间的码头实现聚落交通系统的整合（图 2-24）。

[83]　梁雪 . 传统村镇实体环境设计 [M]. 天津：天津科学技术出版社，2001.

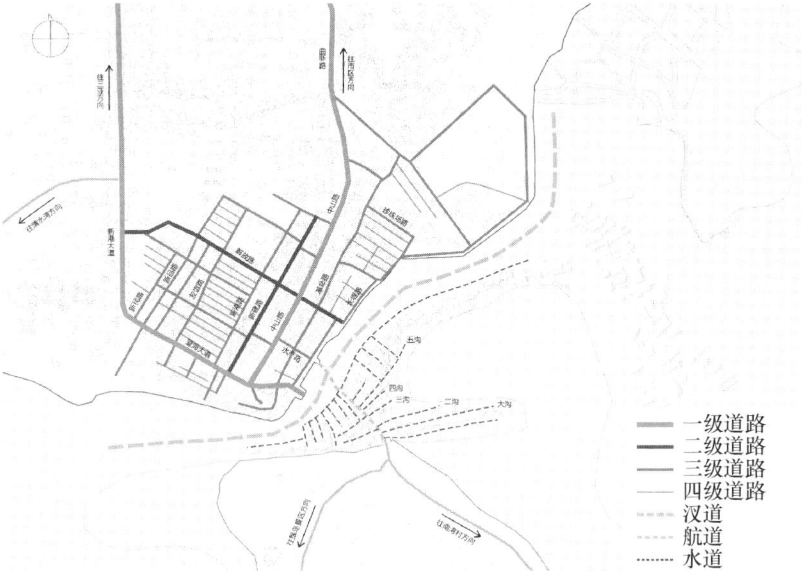

图 2-24 水陆街巷体系（来源：自绘）

2.3.2.1 街巷发展方式

疍家聚落空间的发展直接影响着街巷的生成模式。水陆街巷系统遵循着不同的街巷发展方式，整体来看，陆居空间主要为理性规划型的形成方式，而水居空间则为有机增长型 [84]。

1. 陆上街巷发展

陆上街巷体系的发展逻辑是依托旧港市的老街不断地向陆地推移，从类型学的角度分析 [85]，最终形成纵横交错的网格路网体系。街巷发展经历了三个时间段的演变。第一阶段为中华人民共和国成立前，临近岸线沿港湾自然形态形成街巷，以横向道路为主。第二阶段为 20 世纪 70 年代，随着疍家人上岸，以原有道路走向为基准，扩展出新的街巷以划分疍家人的陆上居住地。第三阶段为 20 世纪 90 年代，街巷继续朝着聚落外围扩展，分别为沿着港湾向聚落东部延伸扩展、向朝着外海方向的临海地带扩展以及更远的陆地方向扩展，形成如今的陆上街巷体系（图 2-25）。

[84] 胡月萍 . 传统城镇街巷空间探析 [D]. 昆明：昆明理工大学，2002.

[85] （英）斯蒂芬・马歇尔 . 街道与形态 [M]. 北京：中国建筑工业出版社，2011.

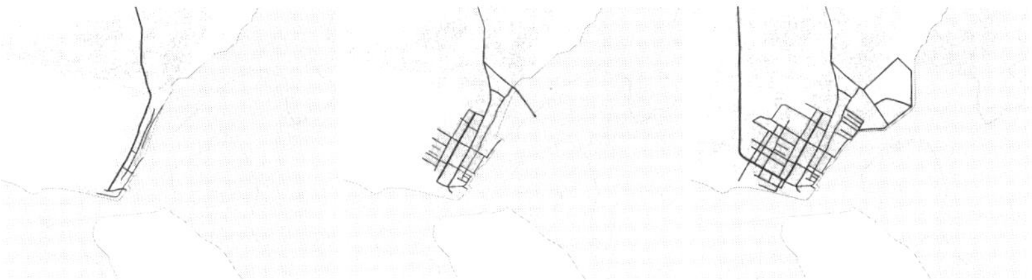

（a）第一阶段的陆上街巷　（b）第二阶段的陆上街巷　（c）第三阶段的陆上街巷

图 2-25　陆上街巷发展（来源：自绘）

2. 水上街巷发展

在形成水上渔排聚落之前，为保证航行与联系潟湖两岸陆地，依托潟湖的水环境，形成了船只航行的汊道与航道。随着水上渔排的建设，在渔排组团间形成了水上街巷，前期的渔排水道主要集中于航道靠近三角洲的一侧，后期，渔排逐渐向出海口延伸，形成了不同朝向的渔排水道，水上街巷体系逐渐完善，空间逐渐丰富（图 2-26）。

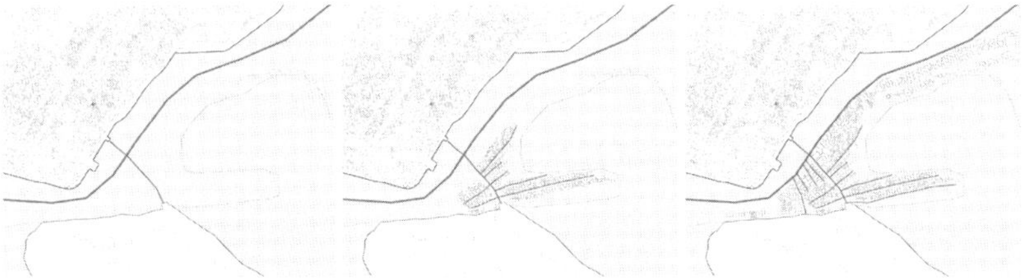

（a）原有的水上汊道与航道　（b）早期形成的水道　（c）后期形成的水道

图 2-26　水上街巷发展（来源：自绘）

2.3.2.2　街巷格局

1. 陆上街巷格局

新村陆上街巷体系以平行于港口岸线的道路为横轴，由水及陆分别为长堤路、革命路、中山路、新建路、新港路、友谊路、新品路、新民路等，与其相交的道路为纵轴，由水及陆分别为望海大道、水产路、解放路等组团内部道路。依据交通联系程度可将道路划分为四个层级（图 2-27）。

第一层级为聚落主要对外联系道路，即中山路与望海大道。中山路在聚落发展早期形成，一直以来是与其他村落联系的主要道路，外接曲新路经过城坡村与国道海榆东线相接，其宽度约为 15m，长度约为 1300m，为双向单车道道路，道路两侧设停车位、行道树与人行道。望海大道随着聚落在陆地的扩展而形成，是聚落南侧沿海的主要道路，外接新港大道与清水湾大道联系起绿城蓝湾小镇与清水湾旅游度假区，其道路宽度约为 20m，长度约为 800m，一直延伸至旅游码头。

第二层级为联系起聚落纵横方向主要空间的新建路与解放路。新建路形成于 20 世纪 80 年代，如今扩展成为新村聚落最宽阔的道路，道路两端分别连接中山路与望海大道，是聚落内重要的交通联系道路，宽度约为 20m，长度约为 800m。解放路为垂直港口的道路，位于聚落中部，在横向上联系起由港口向陆地延伸的聚落空间，宽度约为 6m，长度约为 1000m。

第三层级为围合居住组团的道路，该级道路随着陆居空间的扩展不断形成，划分出大小不一的居住组团、组团形态规则。其中，革命路本位于水陆交界处，为最早形成的近港老街。

第四层级为各组团内部的联系道路，是到达各家各户的主要道路。

(a) 水产路　　(b) 长堤路　　(c) 屋前街巷

图 2-27　不同层级的陆上街巷实景（来源：自摄）

2. 水上街巷格局

区别于陆路系统横平竖直的规则路网形态，水路系统路网形态呈类鱼骨式，主要由汊道、航道以及水道三个层级的道路组成。其中，第一层级为汊道，为东北—西南走向，是渔船进出港湾的主要航行道路，为潟湖内水深较大的区域，连接起港口与外海。从潟湖口门至鱼市码头的长度约为1500m，随岸线曲折，在水陆之间区隔出近百米的距离，形成水陆空间隔水相望的格局。第二层级为航道，在东南—西北方向上连接起两岸及水上聚落空间，与汊道相交，呈喇叭状，最窄处宽度约为9m，最宽处约为30m，总长度约为450m，将水上聚落空间划分为一大一小两个部分。第三层级为水道，为航道向各渔排组团的分支，是联系水上聚落各家各户的末端路径，也是各家交通艇停泊的场所。平行于港湾岸线沿着航道两侧共形成8条水道，宽度为3～9m，长度为100～450m。由于水上渔排单元外观较为相似，外人不易识别，因此通过命名水道的方式帮助理解水上聚落的空间位置。以南湾猴岛为参照，5条主要的水道由近及远分别被命名为“大沟”“二沟”“三沟”“四沟”“五沟”（图2-28）。

(a) 汊道　　(b) 航道　　(c) 水道

图2-28　不同层级的水上街巷实景［来源：(a) 王玉摄；(b)(c) 自摄］

空间形态方面，适应环境与生产生活，新村疍家聚落街巷空间形态呈现出多样化的特征。从与水环境的关系来看，主要有陆上街巷、临水街巷、水上街巷三种街巷空间类型。其中，陆上街巷的沿街建筑排列紧密，多朝向道路开口，围合成街巷空间。临水街巷则由驳岸扩展形成，随港湾延伸，联系起港口、码头等海岸空间。水上街巷由渔排界定出其空间边界，受水的不稳定性特征影响，街巷空间会在一定范围内扩展或缩小，具有灵活变动性与不稳定性。从街巷平面形态来看，主要有直线型、曲线型两种类型。其中，陆上街巷多采用直线型，道路笔直规整，具有一定的秩序感与韵律感。水上街巷则由于水环境的影响，多为曲线型或类曲线型，是自然地形的反映（图2-29）。

(a) 直线型陆上街巷　　(b) 曲线型水上街巷

图 2-29　街巷空间形态（来源：自摄）

2.3.2.3　街巷空间尺度

借鉴芦原义信的街巷空间尺度研究方法对疍家街巷空间进行研究，对其街巷宽度（D）与围合街巷的建筑外立面高度（H）进行测量，通过分析 D/H 获得街巷空间的比例关系，形成对疍家街巷空间尺度的心理感知[86]。对应疍家聚落不同等级的街巷空间，陆路与水路空间存在些许差异，其街巷空间尺度特征表现为：第一层级的街巷，其 D/H 约为 2，空间具有内聚性与向心性，给人一种内聚的感觉，是较为舒适的街巷空间尺度。第二层级的道路中，新建路的 D/H 约为 2.5，给人一种开阔的感觉，而解放路的 D/H 则约为 1，围合感较强，空间安定不压抑。第三层级与第四层级街巷的 D/H 值小于 1，街巷内视线被收束，空间具有较强烈的内聚感以及压抑感（图 2-30）。

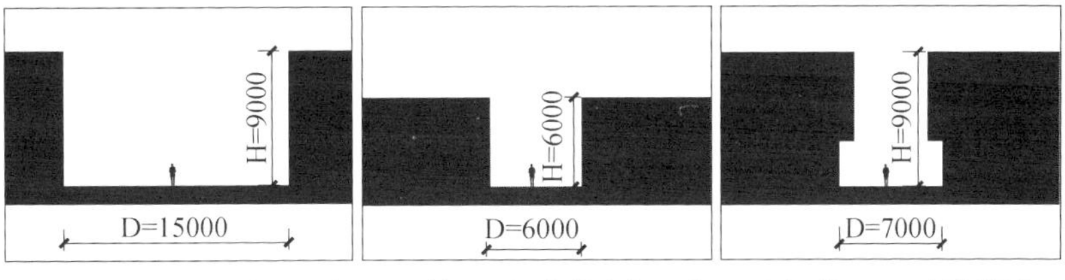

(a) 第一层级街巷空间尺度　(b) 第二层级街巷空间尺度　(c) 第三、四层级街巷空间尺度

图 2-30　不同层级陆上街巷空间尺度（来源：自绘）

水陆空间的街巷空间尺度整体而言是较为开阔舒展的。第一层级

[86]（日）芦原义信 . 街道的美学 [M]. 武汉：华中理工大学出版社，1975.

的汊道空间 D/H 值约为 30，远远大于 3，空间围合的封闭感弱，整体给人空旷的感觉。第二层级的航道由于空间平面呈喇叭状，空间的 D/H 值处于 3 ～ 10 的范围，因而随着船只在航道中移动，人会产生不断收放的空间体验。第三层级的水道空间 D/H 值约为 2，空间尺度适宜，给人一种穿梭于水上街市的感觉（图 2-31）。

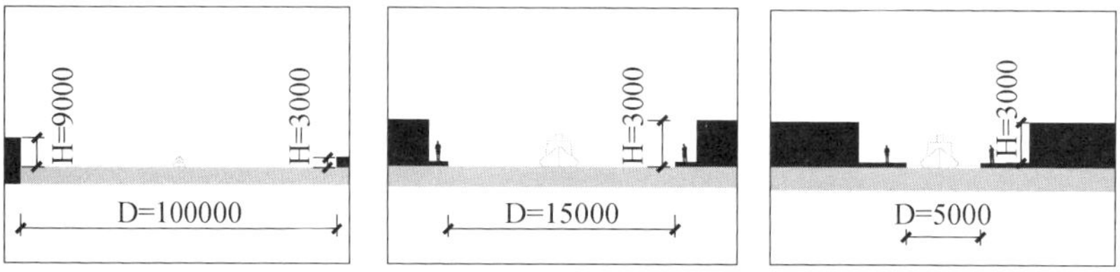

（a）汊道的空间尺度　（b）航道的空间尺度　（c）水道的空间尺度

图 2-31　不同层级水上街巷空间尺度（来源：自绘）

2.3.2.4　街巷空间利用

受生产生活的影响，疍家人对街道空间的利用方式多样，形成除通行之外的交易、劳作、交往等街道功能空间（图 2-32）。其中，靠近港市的街巷空间多是交通与商业功能结合布置，经营场所包括门店经营、固定摊位以及临时摊位三种类型。和生产相关的街巷空间则主要沿着码头沿线分布，依托海洋生计，具有临水的空间特征。另外，由于疍家人的陆上房屋多朝向街道开门，因此，街巷空间结合屋前空间形成了社会文化交往的功能（图 2-33）。

图 2-32　街巷空间功能示意（来源：自绘）

(a) 商业功能　　(b) 生产功能　　(c) 通行功能

图 2-33　街巷功能空间（来源：自摄）

2.3.2.5　街巷节点空间——码头

对于滨海发展的疍家聚落而言，码头空间是联系海岸与水面的中转站，往往具有船只停泊、水陆交通转换、社会交往等功能。作为疍家聚落的重要节点空间，建构起水陆环境的连续性意向[87]，形成水陆联系的一体化空间，并具有很强的公共属性（图 2-34）。

图 2-34　码头空间分布（来源：自绘）

在新村疍家聚落中，沿着海湾岸线，共分布有 9 个码头。在陆居空间一侧，由潟湖出海口至湾底由西向东依次分布有旅游码头、

[87]（美）凯文・林奇 . 城市意象 [M]. 北京：华夏出版社，2001.

水产码头、冰场码头、便民码头、渔政码头、渔港码头以及鱼市码头；南湾半岛一侧则主要分布有与对岸旅游码头相联系的南湾旅游码头以及方便居住于南湾半岛上的居民对外联系的南湾码头。不同的码头空间对应使用的人群、空间形式与空间功能略不相同。整体而言，用作与渔业生产相关的码头空间规模较大，以保证大型生产活动中大量人员的聚集以及满足多样功能空间的需求（图 2-35）。

依据码头与海岸的关系，考察其在水上空间与陆上空间之间的交通位置、空间用地大小等关系，可将新村疍家聚落的码头形式划分为垂直式、平行式与混合式三种，其中，垂直式码头的数量最多，平行式与混合式码头各一座，分别是南湾码头和南湾旅游码头。此外，主要起交通作用的码头采用突出陆地或深入水面的方式，而用作船只停泊的码头则采用平齐陆地的方式，采用的驳岸形式也多是石材或钢筋水泥砌筑的垂直驳岸（图 2-36）。

(a) 游客码头　(b) 水产码头　(c) 南湾码头

(d) 便民码头　(e) 渔政码头　(f) 冰场码头

(g) 渔港码头　(h) 鱼市码头　(i) 南湾旅游码头

图 2-35　码头空间（来源：自摄）

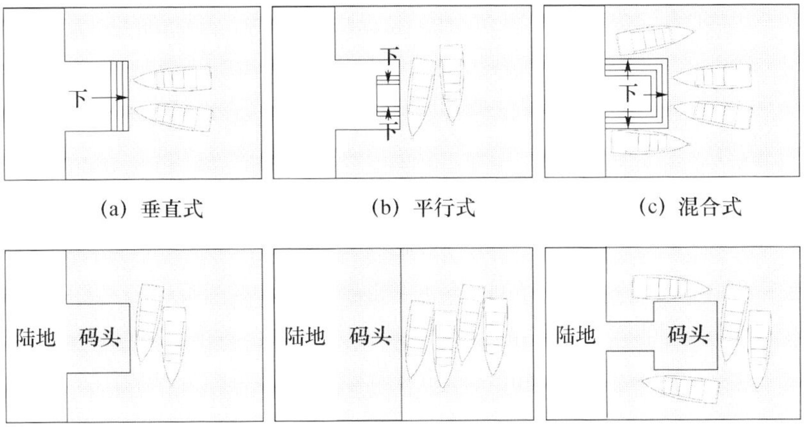

(a) 垂直式 (b) 平行式 (c) 混合式

(d) 突出陆地 (e) 平齐陆地 (f) 伸入水面

图 2-36 码头空间形态（来源：自绘）

2.3.3 公共空间节点

随着聚落的发展，新村疍家聚落的公共空间类型、数量均在不断地丰富。早期的公共空间主要为公庙、码头与港口，如今则扩展出游客中心、广场、停车场、市场、学校、镇政府、派出所、村委会等多种类型的公共空间。公共空间具有两种分布趋势，依托信仰、产业等形成的公共空间多沿着港湾岸线呈线性分布，例如公庙、码头、市场、停车场、广场、游客中心。其空间形态随岸线发展及受周边环境制约多是不规则的。依托职能属性形成的公共空间则分布于主要街道一侧，呈散点式布局，多为方正规则的空间形态，诸如学校、镇政府、派出所、村委会等（图 2-37）。

(a) 停车场 (b) 水上公安 (c) 社区医院

图 2-37 公共空间（来源：自摄）

相较于职能公共空间而言，开放公共空间聚集了大部分的活动人流。沿岸线布局可大致分为三个组团。组团一位于潟湖出海口附近，由公庙、旅游中心、旅游码头、停车场、广场组成，是新村对外展示的主要空间，其空间形象较好，空间治理较规范，主要活动人群为游客。组团二位于旅客码头与水产码头之间，是新村镇农贸市场的所在处，主要包括农贸市场、海鲜市场、水产码头三部分空间，整体空间较为拥堵、杂乱，是新村镇内外人口聚集的主要场所，为聚落内最活跃的公共空间。组团三为聚落北部的渔港码头与鱼市码头，与渔业生产密切相关，是新村疍家人活动最频繁的空间。码头空间较为开阔，结合疍家人的生产作息规律，多在早晨渔船归港之际聚集大量人口，空间活跃度最高，其余时间则较为冷清（图 2-38）。

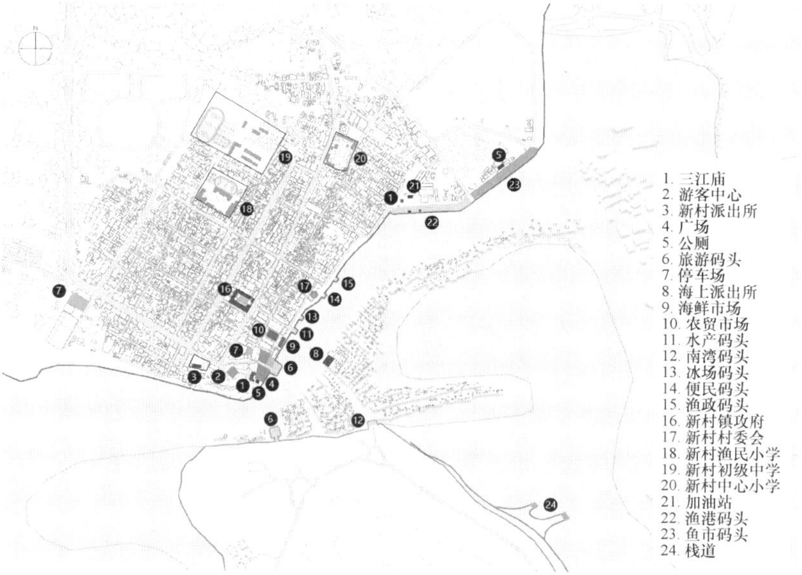

图 2-38　公共空间分布（来源：自绘）

2.4　本章小结

本章从聚落的选址环境、发展演化、空间形态切入，梳理了疍家聚落空间形成的自然环境与社会环境，进而分析了新村疍家聚落空间的基本特征。

选址方面，聚落所处自然环境优越，拥有“一湾、一湖、一岛、两河、六岭”的地理格局，形成了天然的防风屏障。广阔的新村港潟湖与陵水湾为疍家人提供了丰富的渔业资源以及海上活动区域。区域内气候属热带季风海洋性气候，全年温暖湿润，光照充足、降雨充沛。夏季多台风，台风是影响疍家聚落的主要自然灾害。此外，区域内拥有海洋、河流、山体、岛屿、海湾、滩涂等多样的地形地貌，海陆动植物资源丰富，构成了自然生态系统的多样性，为聚落空间的发展奠定了良好的自然基础。

从发展历程看，新村疍家聚落所在的区域在新石器时期已有人类活动，并于 1851 年后形成港市，先后经历了依港聚居、由水及陆、水陆两扩的空间发展历程，最终形成了水陆两栖的聚落空间格局。

受环境、产业社会等的影响，新村疍家聚落空间的整体布局特征为集中式的陆上聚居空间以及组团式的水上聚居空间。陆上建筑排列紧密，街巷形态清晰，为纵横交错的规则路网结构，等级分明，街巷空间尺度较为适宜。水上建筑则错落布置，为散点式布局，街巷空间形态适应水环境具有可变性，呈现一定的层级关系，主要由汉道、航道与水道组成，其中汊道与航道空间较为开阔，水道空间更具围合感，尺度宜人。另外，由码头衔接起水陆环境，实现空间的转换。对应不同功能与使用对象共分布有 9 个码头，其空间形态以垂直式为主，并包含了平行式与混合式的码头。码头空间与陆地的关系则分为突出陆地、平齐陆地以及伸入水面三种。

另外，随着聚落的发展，公共空间的数量和类型在不断地增加，主要包括信仰空间、市场空间、职能空间、教育空间、旅游服务空间等。早期公共空间多沿着港湾呈线性布局，后期形成的公共空间则多沿道路呈散点式布局。根据空间活动可将沿岸的公共空间划分为三个组团，即旅游服务公共空间组团、市场交易公共空间组团以及渔业生产公共空间组团。受空间功能的影响，各组团空间形态具有一定的差异。

3 受生计模式影响的聚落产业空间

新村疍家聚落从产业发展上看是围绕着海洋生计并依托港市经济形成的业缘聚落，致使聚落产业空间成为疍家人经济生活与社会生活的重要场所[88]。本章从新村疍家人的生计模式着手分析产业结构对聚落空间的影响，并总结多元生计模式下聚落产业空间的显著特征。

3.1 新村疍家人的生计模式

人类作为生命体，食物的获取等是最基本的生存技能。依托不同的生存环境，人类采取了不同的手段进行生产与消费，并在此过程中总结出技术方法，建立稳定的社会关系，进而形成明确的内在结构而衍生出生计的基本模式[89]。在文化人类学的研究中，不可避免地需了解研究对象的生计方式。

以海为生的新村疍家人在长期的实践中形成了以“渔”为主的海洋生计模式，当地人称之为“做海”[90]。随着社会与经济的发展，以传统捕捞业态为基础，发展出其他类型多样的海洋生计方式，包括养殖、水族产业等。疍家人在海上实践的过程中积累了对海洋环境的认知以及熟练的海上生活生产技能。以此为基础，不断地适应生计发展对海洋进行创造性利用，建构了具有亲水性特征的聚落产业空间，体现作为“水上人”的疍家人与海洋的紧密联结以及面对海洋的生存智慧。

此外，依托优越的自然环境形成的丰富旅游资源，使得新村疍家

[88] 李晓峰．乡土建筑——跨学科研究理论与方法 [M]. 北京：中国建筑工业出版社，2005.

[89] 庄孔韶．人类学概论 [M]. 北京：中国人民大学出版社，2006.

[90] 刘莉．做海：海南疍家的海上实践与文化认识 [J]. 广西民族大学学报（哲学社会科学版），2016，38（05）：131-137.

人获得了“做海”之外的产业发展机会。2000 年后，兴起了以旅游服务为主的产业类型。结合国际旅游岛、自由贸易港建设以及生态环境、传统文化保护的上层规划等，新村疍家聚落空间适应产业调整与升级，逐渐形成新的聚落空间模式。

3.1.1 海洋捕捞

海洋捕捞是新村疍家人赖以生存的传统产业。随着捕捞工具与捕捞方式的改善，新村疍家人从早期在海南岛各大港湾游牧耕海，发展到在固定的近海区域捕捞，另有部分疍家人选择去更远的海域“闯海”，进行远海捕捞，出海的范围逐渐扩大，渔获的数量、种类也在不断增加。凭借长期“做海”所习得的对环境的认知，新村疍家人在新时代的海洋渔业发展中占据了明显的优势，其捕捞生产业态呈现出更多元、更先进的特点。

3.1.1.1 捕捞工具

清末年间，从福建、两广地区漂洋过海来到新村港讨生活的疍家人的祖先，起初将新村港作为临时的停靠点，划着小木舟，随手抛撒渔网，随着鱼汛往返于海南岛的各大渔港之间进行机会性捕捞，这种随季节在海上游牧迁徙的捕捞特点，也让其被视为“海上吉卜赛人”。民国十六年（1927 年），新村疍家人开始制造风力帆船，称之为“礼船”。到了 20 世纪 50 年代，风帆船的数量达到 135 艘。风帆船借助风力可到达更远的海域，扩大了捕捞范围，但多在浅海区进行捕捞作业。由于此时期的帆船整体较小，遇到风浪大的时候，往往随风漂泊而不能归港，只能顺风临时停靠在其他港湾作为过渡，等待合适的时机，才能归港。到了 1964 年，新村疍家人才拥有了依托机械运转的机动渔船，朝现代化捕捞迈进了一步[91]。之后，机船逐渐占据了主导地位，于 1992 年达到 505 艘之多，风帆船被全部取代，新村的捕捞

[91] 陵水黎族自治县地方志编纂委员会．陵水县志 [M]. 北京：方志出版社，2007.

生产实现了渔业机械化（图 3-1）。目前，新村港内共有大小渔船近 1900 艘，分为木船、铁船、玻璃钢船（图 3-2）。

图 3-1　现代灯光捕捞船（来源：自摄）

图 3-2　渔获运输船（来源：自摄）

3.1.1.2　捕捞方式

尽管捕捞工具在不断改善，疍家人所采用的捕捞作业方式仍是以围网与钓业为主。围网多指的是灯围，此种捕捞方式早在一百多年前便为疍家人使用。其原理是利用鱼群趋光性的特征，用灯光诱集鱼群而后将其围捕。传统时期，用于吸引鱼群的灯光多为马灯，现代则采用钨丝灯，其瓦数更大，亮度更高。此种捕捞方式需在晚上进行，往往需要多艘渔船配合作业，捕捞的种类多为带鱼、鱿鱼、蓝圆鲹等，这些品种在海南四周海域分布广，资源量多且繁殖能力强，能保证疍家人在近海区域就可捕捞到数量可观的渔获。

另一种主要方式则为钓业，疍家人称之为“放滚”。放滚的工具为在数百米的长绳上间隔一米挂上鱼钩，在鱼钩上放饵，吸引鱼群上钩，此为“排钩”。后来发展出流刺网的形式，形成挂满鱼钩的两米宽的网带，可钩住或网住鱼群。新村疍家人的钓业主要分为珊瑚礁钓与沙地钓两种类型，为浅滩作业。捕捞的地点多为附近海域的珊瑚礁与沙地，根据流水的情况与作业的范围，其捕捞时间并不固定。

如今，新村疍家人延续传统的捕捞方式，多采用现代机械化的灯光围网捕捞船。其优势主要包括耗油少、机械磨损少、作业生产成本低，可实现较高经济效益等[92]，很好地适应了产业发展需求，因而成为自 20 世纪 80 年代兴起至今，适用期最长的渔船，被广泛采用（图 3-3、图 3-4）。

图 3-3　传统围捕作业场景（来源：2020 年首届疍家文化节宣传展板）

[92] 颜云榕，冯波，卢伙胜．中、西沙海域 2 种灯光作业渔船的捕捞特性及其技术效率分析 [J]. 南方水产，2009，5（06）.

图 3-4　现代围捕作业场景（来源：2020 年首届疍家文化节宣传展板）

3.1.2　海洋养殖

20 世纪 80 年代，潟湖内水质良好，水温适宜，成为海上养殖的优选之地。香港某水产公司在新村实验海上养殖获得成功，借此契机，疍家人开始学习海上养殖技术，凭借丰富的海洋互动经验，他们很快地掌握了相关技术并从新的生计方式中获得比传统渔业生产更大的收益，所产渔获因为质量上乘一度远销海外市场。20 世纪 90 年代初期，进行养殖的疍家人已达到 180 户，以养殖鱼类为主。之后养殖规模不断扩大，成片的水上养殖渔排和浮球方阵在内湖水面上铺展开来，在潟湖内形成以经济鱼类养殖、珍珠贝养殖、麒麟菜养殖为主的“海上牧场”，进而发展成为新村疍家人赖以生存的基础并逐渐形成了成熟的海上养殖产业。

相对于捕捞而言，人工养殖的方式保证了疍家人更稳定的海产品来源。疍家人积极地参与到海上养殖的行列中，一方面是对于渔业捕捞的补充；另一方面，为疍家人提供了海洋开发的新可能性，是对海洋资源与海洋空间利用的新尝试[93]。

养殖产业在经历过初期高速发展的几年后，遭遇了环境恶化的考

[93]　王大海 . 海水养殖业发展规模经济及规模效率研究 [D]. 青岛：中国海洋大学，2014.

验。究其原因，养殖产业在引入新村伊始便处于快速发展的状态。早年养殖户多采用自行圈地的方式划定海上养殖的空间范围。多年无序的发展与过度的开发对环境造成了很大的压力，2000 年前后，潟湖爆发了严重的赤潮灾害，直接影响了养殖的产量与质量，给疍家人造成了巨大的经济损失。潟湖环境的持续恶化使得养殖效益降低，威胁着疍家人养殖产业与潟湖生态的可持续发展。为了缓解近岸海洋环境污染，有关部门出台了《海南省陵水县蓝色海湾整治行动实施方案》，经过几次整治活动，潟湖内不合规养殖网箱已被拆除了大部分，筏式养殖基本被取缔。新村疍家人的养殖产业正朝着可持续化、规范化、深海化的方向转型发展（图 3-5、图 3-6）。

图 3-5　海上网箱养殖（来源：自摄）

图 3-6　海上珍珠养殖（来源：宋国强摄）

3.1.3 旅游产业

在新村区域范围内，包含猴岛、石贡遗址、疍家文化、珊瑚礁等优越的自然、文化旅游资源（图 3-7）。基于此，新村获得向以旅游业为主的第三产业转型的契机，逐渐发展出依托自然环境与疍家文化的滨海旅游产业。其成为传统渔业之外新村疍家人的另一主力产业，丰富了疍家人的生计方式。

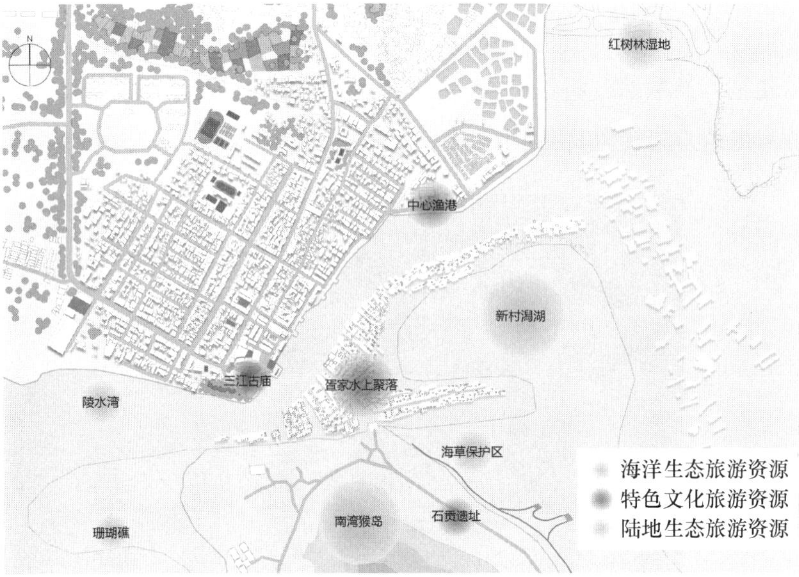

图 3-7 新村旅游资源分布图（来源：自绘）

新村疍家聚落的旅游产业主要历经了两个重要的发展阶段。以十年为一个阶段，实现了从点到面的空间规模整合以及旅游服务空间提升。

第一阶段为 2000 年至 2010 年，这一阶段是新村旅游产业发展的形成期。进入千禧年，新村迎来新的发展契机，以自然资源开发为导向。于 1999 年成立的海南陵水猴岛旅业发展有限公司依托位于潟湖南部南湾半岛上的南湾猴岛自然保护区，开发建设猴岛主题公园。随后，在新村与猴岛间架设了长达 2138m 的跨海索道以联系两岸交通。2000 年，完成了游客中心、停车场、猴岛码头等配套设施的建设，南湾猴岛旅游景区对外开放。此后，有关部门进一步利用区域旅游资源，突出以猴文化、疍家文化、天缘文化为主的特色旅游，因建设运营成果突出，南湾猴岛旅游景区于 2005 年被评为国家 4A 级旅游景区，至此打造了新村旅游业的一张名片。

第二阶段为 2010 年至 2020 年，新村旅游产业发展进入提升期。政策层面，国务院于 2010 年 1 月 4 日颁布了《国务院关于推进海南国际旅游岛建设发展的若干意见》（国发〔2009〕44 号），同年 8 月 15 日，新村镇政府推出《新村镇推进国际旅游岛建设行动方案》，旅游业成为新村产业发展的重心。新村内外迎来一系列的建设活动，诸如清水湾开发区、绿城蓝湾小镇、高尔夫球场、旧城改造、渔排风貌整治等。现如今，新村的旅游业提出“旅游 + 文化 + 生态”的旅游发展路线，挖掘海草特别保护区、国家级红树林湿地公园的生态旅游价值，并通过举办新村疍家文化节展示特色文化的方式，朝着多元化进行转型与升级，打造独具特色的热带滨海文化旅游产业（图 3-8、图 3-9）。

图 3-8　猴岛景区（来源：cntour365.com）

图 3-9　2020 年首届陵水疍家文化节（来源：自摄）

旅游业的发展与城镇化的推进为新村疍家人提供了新的就业机会。起初，由于一系列的开发建设多以旅游公司为主导，新村疍家人在此过程中参与感不强。之后，旅游经济的发展让疍家人看到了发展契机，海产品加工、水上渔排餐厅、旅馆酒店以及日趋兴旺的夜市餐饮等成为新村疍家人的新型谋生方式，是新村疍家人在传统生计方式之外的探索（图 3-10）。整体而言，依托旅游产业的生计方式存在年龄分化，从事以旅游服务为主的新兴产业的多为离海上岸的疍家年轻一代，老一辈的疍家人还是以从事包括捕捞、养殖在内的海洋生计为主，对海洋的依赖仍较为强烈[94]。

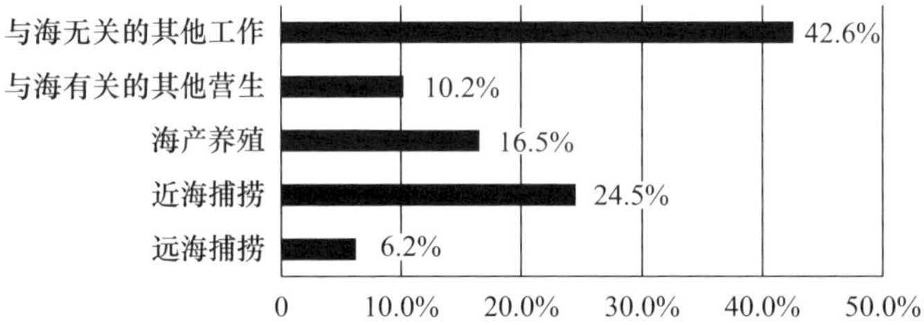

图 3-10　海南疍民生计（来源：参考文献 [94]）

3.2　捕捞产业空间

3.2.1　捕捞方式与捕捞空间分布

新村疍家人根据捕捞作业方式以及捕捞活动特性存在流动捕捞空间以及固定捕捞空间两种形式，分别具有不同的特征。

3.2.1.1　游牧耕海与流动捕捞空间分布

“游牧”意味着迁徙与流动，分为近海游牧与远海游牧。耕海为生、以舟为室的疍家人，其“游牧”历程以驶出原居地港口为始，一路南下，逐鱼而居。随着鱼汛、流水在各大渔场、港湾之间迁徙，生

[94]　管玉梅，黄诚，夏冬艳 . 生境变迁下海南疍民的生存现状调查 [J]. 文化学刊，2019（05）：29-34.

产生活的场景发生在船只与海洋上。因此形成的游牧经济，实则是族群对海洋环境的一种精巧利用与适应，不同海域环境的游牧均具有其特色。

“琼居海中，沿海州县皆滨海港口，处处可进舟湾泊，在可登岸取水”[95],新村疍家人选择在气候适宜、民风良好的新村港聚集。其附近分布有东部渔场、南部渔场等近海捕捞海域。传统时期，疍家人结合自身的作业方式，春夏时节从陵水出发顺着东南风溯水东上，前往清澜渔场与万宁渔场；秋冬季节则顺着北风溯水南下，到达更温暖的三亚渔场捕捞，因此，其捕捞空间跟随鱼汛具有季节流动性的特点。这一现象也曾被陈经序记载于《疍民的研究》中:“有些疍民一年住两三个地方。比如，近年在琼州东北的青澜港，每年春夏两季，好多疍家鱼艇，多从万州陵水一带随南风而来青澜，他们在青澜海傍，有些插木为柱，以茅为瓦，有些人住艇上。到了秋冬两季，他们又随北风而南返万州陵水。他们秋去春来，正像春去秋来的燕子一样，一年要住两个地方[96]”。

如今新村疍家人大多在新村港定居下来，但仍有部分疍家人延续着游牧耕海的方式，到潭门、万宁、陵水、三亚一带进行捕捞，出海作业的时间一天到十天不等，但最终都会返回到新村港口。此外，新村渔业生产大队成立后，政府鼓励疍家人到远海进行捕捞，游牧的范围扩展到南海西沙、中沙的各大岛礁，以围捕与钓业为主，捕捞的品种更丰富，游牧的时间也延长至一个月以上。

3.2.1.2 定点作业与固定捕捞空间

新村疍家人的捕捞空间大多集中在新村潟湖外海的近海区域，具有固定化的趋势（图 3-11）。究其原因，一是新村疍家人获得了陆上的土地而迁居岸上，使得家船分离，不利于长时间的远航；二是海上养殖需要疍家人每日的精心照料，养殖的收入较为丰厚，这让疍家人

---

[95] [清] 潘廷侯，瞿云魁 . 康熙陵水县志，乾隆陵水县志 [M]. 海口：海南出版社，2004.

[96] 陈序经 . 疍民的研究 [M]. 上海：商务印书馆，1946.

不必出远海闯荡；三是捕捞工具的性能提升，疍家人可以借助现代捕捞技术更高效地进行捕捞作业，而不必追随鱼汛进行机会性捕捞（图3-12、图3-13）。

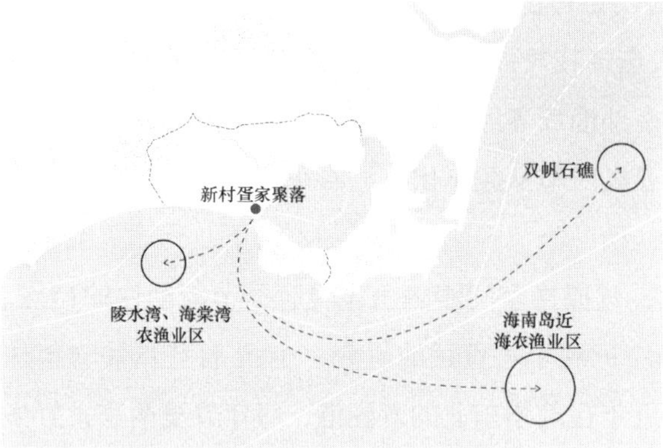

图 3-11　近海捕捞空间分布图（来源：自绘）

图 3-12　准备出海捕捞的渔船（来源：自摄）

图 3-13　近海捕捞作业的渔船（来源：自摄）

在固定捕捞空间进行捕捞的疍家人，大多采用灯光围捕的方式，因而捕捞活动多在晚上进行。从新村港出发航行半个小时便可到达外海的捕捞区域，此区域往往距海岸线 2 ～ 5 海里，可容纳十几至几十艘灯光船共同作业。疍家人根据实时掌握的鱼群情况，将船只停在预判好的目标渔场内，打开船上大功率的灯光，亮光持续 3 ～ 4 个小时，吸引趋光的鱼群靠近。待鱼群聚集到一定密度，便下网围捕鱼群，并利用起网机将渔网收起，将渔获暂存入鱼舱中，随后船上的分拣工快速地将渔获分拣装筐或装箱，确保回到岸上便可进行交易。另外，由于捕捞作业渔获收成的不确定性，疍家人往往选择多下几次网，以保证每次出海作业不至于亏本。结合每次捕捞的效率，为了在天亮时返回港口，一晚至多下 3 次网。

3.2.2　渔获交易方式与市场空间

新村疍家人的渔获交易方式分为批发交易与零售交易，为适应不同的交易方式形成了两种主要的交易空间，即鱼市码头与海鲜市场。不同形式的交易发生的场所在空间利用方式、空间规模、空间活动等方面存在不同（图 3-14）。

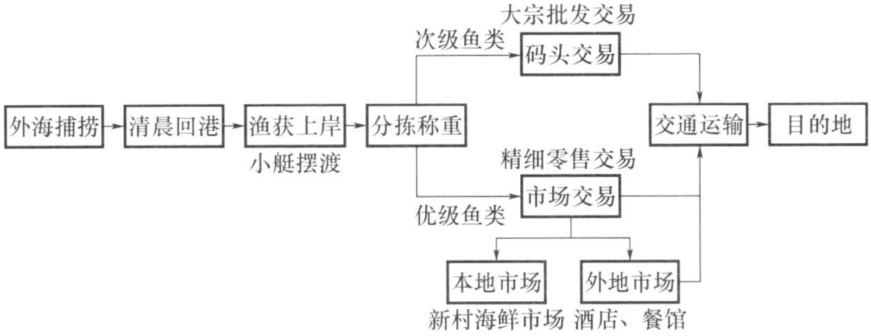

图 3-14　捕捞交易过程（来源：自绘）

3.2.2.1　鱼市码头

渔业捕捞对应的渔获交易空间为位于新村疍家聚落最东边的鱼市码头。交易发生的时间主要集中于每日的凌晨五点至早晨八点，时间段较为固定，这与疍家人灯光围捕的作业方式息息相关。整个交易码头宽约 20m，长约 280m，为带状空间，一侧临海，一侧靠陆，以此奠定了空间活动的基本格局。由海及陆依次形成了渔船停泊卸货区、渔获摆渡区、运输船停靠区、渔获堆放交易区、货车停放区、车行通道、鱼市码头服务区七大细分功能空间以及加油站、公厕等服务设施（图 3-15 至图 3-17）。

图 3-15　鱼市码头航拍（来源：李秋兰摄）

图 3-16　鱼市码头（来源：自摄）

图 3-17　鱼市码头平面示意（来源：自绘）

每日渔船归来时，鱼市码头就热闹起来，重复上演这样一番景象：渔船归港之前船主联系好对接的“毛头”，即渔获交易中间商，其职责主要是收购疍家渔民的渔获，分销到省内外的市场上。归港的渔船由于有水深要求，只能临时停放在离港口 20m 开外的海面，形成临时的停泊卸货区。此时，由毛头带着小工，乘摆渡船将渔船上已分拣好装至一个个鱼筐中的渔获转运至码头上的渔获堆放区，船主也跟着渔获一起上岸，将鱼过秤，由毛头一方的专人记录下当日的渔获种类及其对应的数量，船主核实后，根据双方交易的习惯，或当场结算，或事后结算。过秤后的渔获就直接放至已等候多时的货车上，运输到各大市场、酒店。由于整个渔港码头交易空间仅有一个车行出入口，如若因拥堵货车无法进入交易现场，则需借助三轮车这一灵活性较高的交通工具将渔获进行转运。渔港码头空间以鱼市连接起船主、毛头、摊贩、司机、工人等不同人群的活动，在慌忙中演绎出生动的交易场景。此外，配合每日交易，还有加冰区、早餐售卖点、简易的蔬菜肉类早市等满足早晨码头活动人群生产生活需要的服务区。整个码头始终充斥着人们大声交涉的声音、拥堵中的三轮车鸣笛以及不曾间断的船只发动机的声音，直至最后一宗渔获交易结束（图 3-18）。结合以上交易过程可以发现，在大量人员聚集的情况下，鱼市码头形成了特定的空间秩序，保证交易活动得以有序展开，其空间利用呈现出组织合理、利用高效的特点。

(a) 渔获堆放交易区

(b) 渔船与摆渡船

(c) 车行通道

(d) 鱼市码头早市

(e) 鱼市码头公厕

(f) 运输用的三轮车

图 3-18　鱼市码头空间（来源：自摄）

3.2.2.2 海鲜市场

海鲜市场位于新村聚落南侧，临近水产码头，一面临海，一面靠着农贸市场，由具有固定摊位的半封闭室内空间以及无固定摊位的室外露天空间组成（图 3-19）。室内是坡屋顶钢架结构的大跨空间，钢架横向跨度约为 8m，纵向跨度约为 45m，高度约为 4m。建筑四周无固定围护结构，四面通透。面向农贸市场的一面在两边端头及中间各开一个门，形成 3 个檐面入口空间。室内空间分为四排两列连续的摊位，中间留两条过道供人通行。沿过道四周，地面开挖了排水沟，并覆上井盖，方便污水排走，保持空间环境洁净。此外，临水一侧为适应交易模式采用了特殊的空间形式，即用扶梯联系起了摊主及其供货渔船，形成供给关系空间的互动，并联系起水陆交通（图 3-20、图 3-21）。

图 3-19　海鲜市场空间环境示意（来源：自绘）

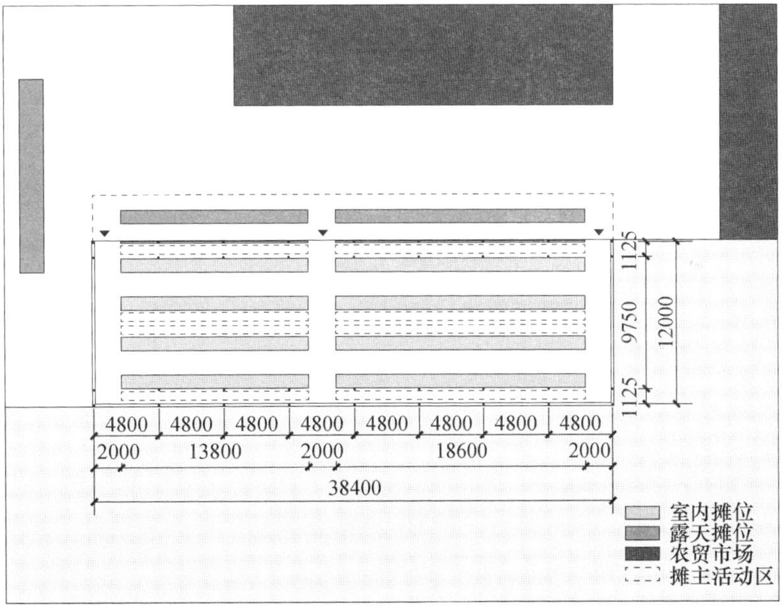

图 3-20　海鲜市场平面图（来源：自绘）

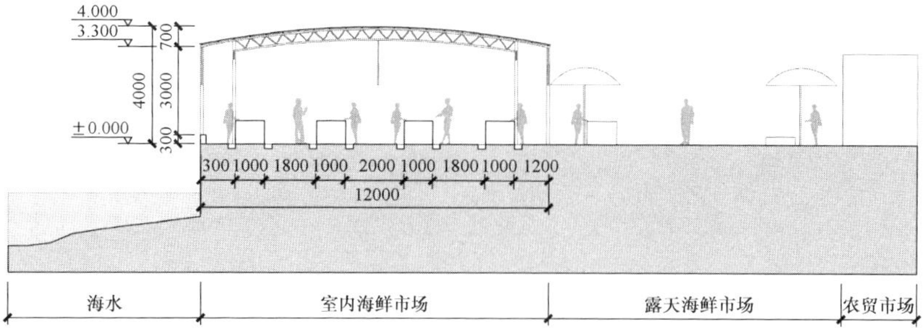

图 3-21　海鲜市场剖面图（来源：自绘）

海鲜市场的流线组织分为顾客流线与摊主流线。顾客主要从农贸市场的两个入口进入海鲜市场，首先到达露天海鲜市场空间，而后进入室内的海鲜市场空间，流线清晰连贯。海鲜摊主则主要从水上和陆上两个入口进入，临水空间提供海鲜供给的便利，具有“前店后厂”的特点。其流线空间主要围绕海鲜市场内外布局，空间利用紧凑高效（图 3-22、图 3-23）。

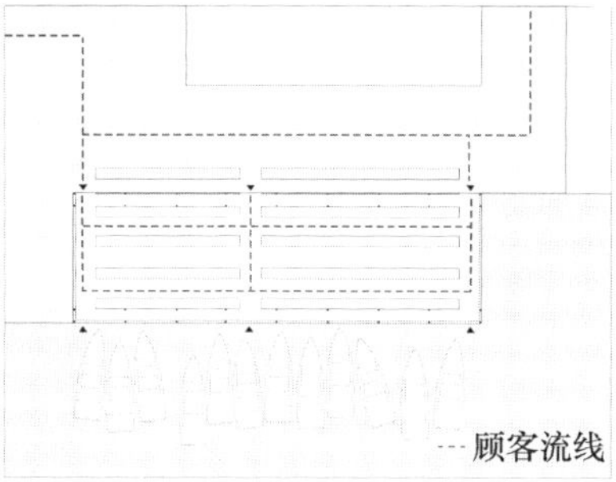

图 3-22　顾客流线示意（来源：自绘）

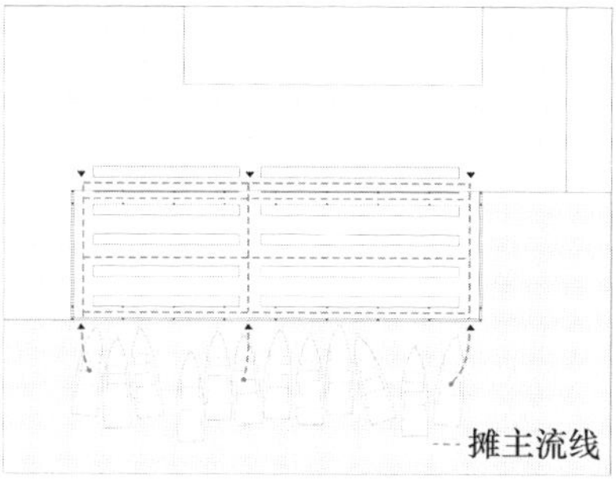

图 3-23　摊主流线示意（来源：自绘）

由于海鲜市场售卖的多是经过精细分类的且具有较高价值的海产品，其供货量不大，货源多来自本地渔船或海上养殖网箱，用小船运至海鲜市场便可直接对消费者进行售卖。相比而言，海鲜市场室内外售卖的海鲜具有一定差别，往往室内卖的品种更为名贵，种类也更丰富，包括龙虾、象牙蚌、花蟹等品种。海鲜市场的交易是全天候进行的，早上和下午最为热闹，主要面向外地人进行销售。交易过程中，买卖双方的空间互动较为固定，以摊位为中心，展开挑选、称斤、结算等一系列动作，形成有序的空间组织（图 3-24 至图 3-27）。

图 3-24 海鲜市场外部环境（来源：自摄）

图 3-25 海鲜市场内部环境（来源：自摄）

图 3-26 露天海鲜市场（来源：自摄）

图 3-27 联系海鲜市场的扶梯（来源：自摄）

3.2.3 其他捕捞生产服务空间

新村港作为发展较为成熟的渔港，依托捕捞产业，临近港湾呈线性分布，包括渔船停泊区、渔船加油站、渔网补修区、冰场、修船点、渔获晾晒区、渔具商店等捕捞生产服务空间（图 3-28、图 3-29）。

图 3-28 捕捞生产服务空间分布图（来源：自绘）

(a) 停泊区

(b) 加油站

(c) 补网区

(d) 晾晒区

(e) 冰场

(f) 修补点

图 3-29 捕捞辅助空间实景（来源：自摄）

3.2.3.1 渔船停泊区

根据港口的水深情况，港内共形成了 4 个吨位级码头。自东向西，从湾底至出海口方向分成大吨位船只停泊区与小吨位渔船停泊区。

3.2.3.2 渔船加油站

船只作为交通与生产工具，主要靠燃油补给动力。目前，新村疍家聚落共有一大一小两个加油站点。一个加油站点位于旅游码头东侧，成立较早，其选址处于渔船进出港口的必经之路，方便渔船的燃油补给。受水深影响，采用从岸上延伸出输油管的方式，形成了水上的加油点。另一加油站点位于中心渔港码头朝向出海口的一端，分设两个加油岛，一个位于加油站内，另一个设置于码头近岸，方便船只停靠加油。

3.2.3.3 渔网补修区

由于早期发展的岸线没有预留过多的岸上空间，无法满足网具修补所需的空间，因此如今的渔网补修工作多在船只上进行。随着东部中心渔港的建设，临近的岸线预留出了较大的临岸场地，便逐渐被用作临时的渔网补修区。

3.2.3.4 晾晒区

渔获晾晒是疍家人储存渔获的方式，因而晾晒空间是捕捞产业空间的组成部分。旧时，疍家人多在船头晾晒渔获，获得了岸上的居住地后，则多在自家门前进行晾晒，以便于管理。此外，为保证充足光照，在出海口西侧的空旷沙滩处形成了较大面积的晾晒区。

3.2.3.5 冰场

现代渔获多以冷藏的方式保证渔获的新鲜，疍家人往往会在出海捕鱼前在船上备足冰块。新村目前有一家大型的冰场，临近水产码头分布，通过延伸至海面的构造，将冰块输送至船上，方便高效。

3.2.3.6 船只修补点

针对不同的船只大小，新村目前共有两处船只修补点，均为露天场地。其中一处修船点位于游客码头对岸、猴岛一侧临岸的沙滩上，占地面积约为 $750m^2$，建成较早，主要针对小型船只使用。另一处位于鱼市码头东部，占地面积约为 $3600m^2$，主要针对大型船只，进行修补、美容等。

3.3 养殖产业空间

3.3.1 海上养殖空间布局的调整

新村港养殖条件得天独厚，作为养殖区，适宜养殖品种较多。适应不同时期养殖产业发展情况，根据养殖方式与养殖品种对海域环境的需求不同，适应潟湖环境形成了差异化的养殖空间布局，并不断地调整养殖空间的布局，形成了对应 3 个时期的 3 种不同的空间布局关系，即空间混合、空间分离与空间转移。

3.3.1.1 空间混合

早期新村港范围内以渔排养殖与珍珠培育为主。由于潟湖口小腹大的构造特点，使得水体交换速度不均衡，从口门至湾底，水体交换速度逐渐降低，而水质也呈现下降的趋势。由口门向湾底方向约3km的水域空间的海水质量最适宜进行海水养殖，因而最先在此空间范围内布局了养殖空间，并进一步根据不同水深的空间，划分出适宜不同品类的养殖空间。其中，水深越深越适合渔排养殖，而珍珠培育则适宜在浅水静海区进行，适应地形特征最终形成了以鱼类养殖与珍珠贝养殖相混合的养殖空间布局（图3-30）。

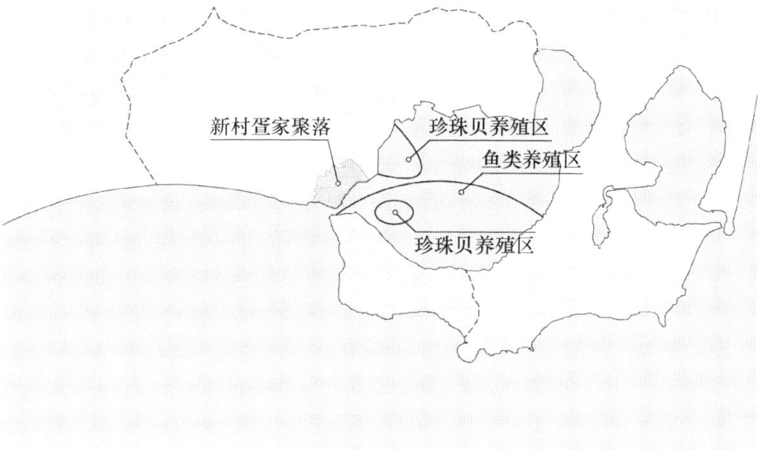

图3-30　混合养殖空间示意（来源：自绘）

3.3.1.2　空间分离

20世纪90年代，受利益驱使，养殖户大规模地扩张海上养殖空间，一直延伸到水体交换不畅的湾底，污染物造成水体富营养化，引发了严重的赤潮灾害，养殖渔业损失惨重。为解决水体污染的问题，有关部门采取了一系列措施。首先，应对水体富营养化的问题，引进了麒麟菜养殖，利用其生长需要吸收大量营养盐的植物特性，达到净化水体的目的。其次，根据传统的与新引入的养殖种类的特性，合理布局养殖空间，形成了相互分离的养殖空间布局（图3-31）：渔排养殖缩小规模集中于口门向里3km的水域空间范围内，可利用良好的水体交换快速地排走污染物，减少水质污染的概率。相对地，将水体交换较为低速缓慢的港湾后半部水域空间设置为麒麟菜养殖空间，并在这两个大的养殖区域之间，临近陆上珍珠养殖辅助空间布局养殖规模较小的珍珠贝养殖空间，形成较为合理的海上养殖布局[97]。

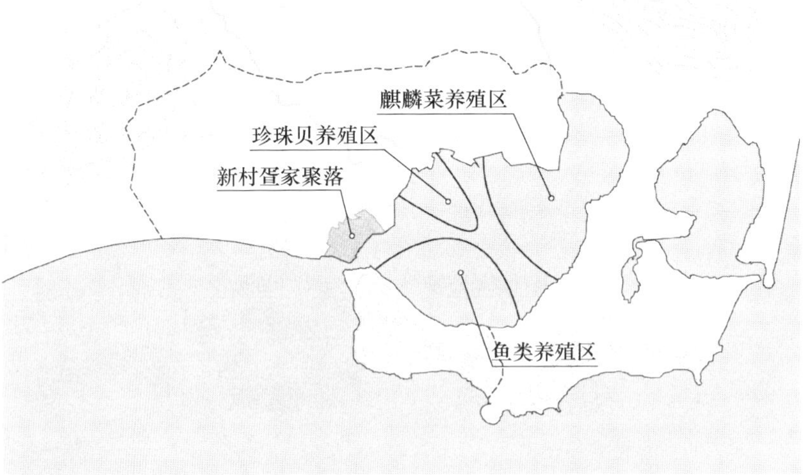

图 3-31　分离养殖空间示意（来源：自绘）

3.3.1.3　空间转移

随着时代的发展，海洋生态环境受到越来越多的重视。以传统海洋利用为主要方式的新村养殖产业，尽管采用了合理的布局，但大规模的养殖仍对环境造成了很大压力。由于水质下降的影响与海草生态保护的需求，珍珠养殖与麒麟菜养殖最先衰落。现有养殖空间密度需调整到合理范围[98]。此外，在新时代海南自贸港建设规划中，新村港被列入先行试验区的规划建设范围。根据规划要求，新村潟湖内的传统海上养殖网箱因对海洋生态环境不友好与区域发展目标不相符将会被清退。为了兼顾以养殖为产业支撑的疍家人的生计，计划采用空间转移的形式，在潟湖港湾之外适宜的海域空间内发展深海养

[97]　周永召，王芬，周湘彬．新村港养殖的合理布局及麒麟菜养殖对其水质的影响 [J]. 海洋开发与管理，2012，29（01）.

[98]　杨辉，王文师，李庆彪，符青云．海南陵水县发展深水网箱养殖的探讨 [J]. 海洋开发与管理，2015，32（01）：49-52.

殖，保留一定规模的养殖产业。根据《海南省及陵水县海洋功能区划（2011—2020）》的相关要求，新的养殖基地将选址于距新村口门外海约 3.6km 处 1194ha 的海域内布局，面积约为现有网箱面积的 2 倍。其将用作整个陵水县的深水网箱养殖区，进一步实现养殖空间向外海的转移（图 3-32）。

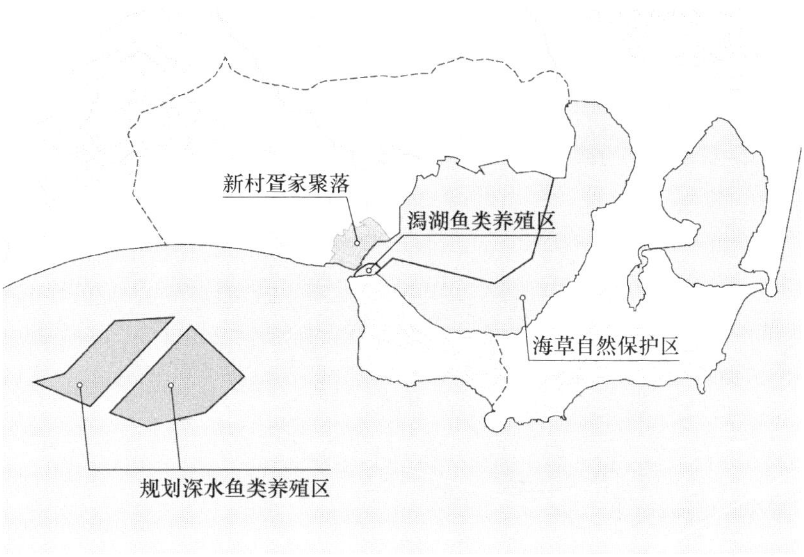

图 3-32　外移养殖空间示意（来源：自绘）

3.3.2　渔排网箱养殖空间的发展

到目前为止，新村疍家人养殖空间以渔排网箱为主，是水上聚落的重要组成部分。在进行渔排养殖区的选址时，疍家人主要从水质、水深、水流、风环境等考察指标着手（图 3-33），选择合适的渔排安置点，确定口门附近的海水环境更适宜养殖。此片区域在用作养殖空间之前，根据码头的分布，形成了由水路交通与地形划分的 4 个区域空间（图 3-34），不同区域的养殖条件并不均衡，以航道两侧的区域为最佳养殖区域。

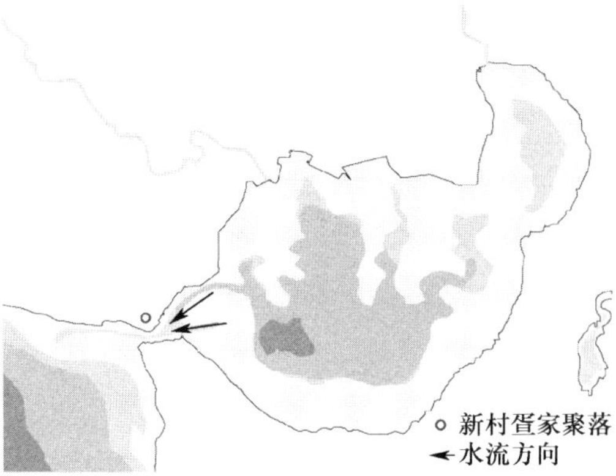

图 3-33　潟湖水深、水流分析（来源：自绘）

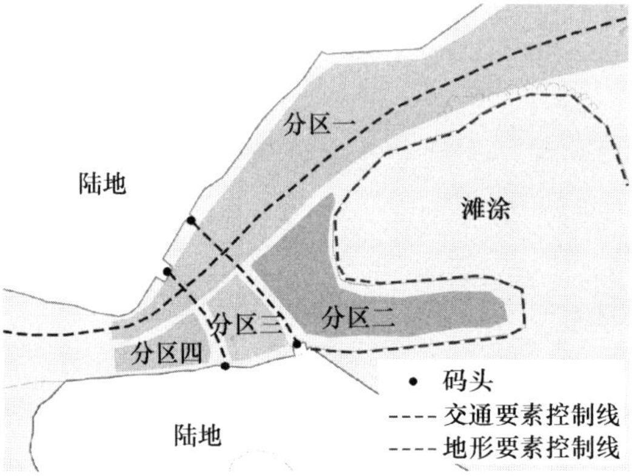

图 3-34　水上空间分区（来源：自绘）

然而，在对养殖缺乏丰富经验的情况下，疍家人还不能从产业发展的角度准确地判断最适宜的养殖区域，而是倾向于选择水深不大、风平浪静的区域进行养殖。最终选择在靠近猴岛一侧的潟湖涨潮三角洲附近水域内建造起第一个渔排。由于渔排的漂浮特性，为了保证其稳定性，多是几个渔排同时建造，相互联系。于是，随着第一个渔排的建造，顺应水流方向与水深，渔排朝着口门方向与陆上聚落方向不断扩展。为确保各家各户水上交通畅通，早期在较宽的水域形成的渔排组团的宽度多为两个渔排单元并列的宽度。后来，渔排组团多为一个渔排宽度。组团的长度受三角洲岸线和联系水产码头与南湾码头的航道间的水域面积影响，长短不一（图 3-35、图 3-36）。

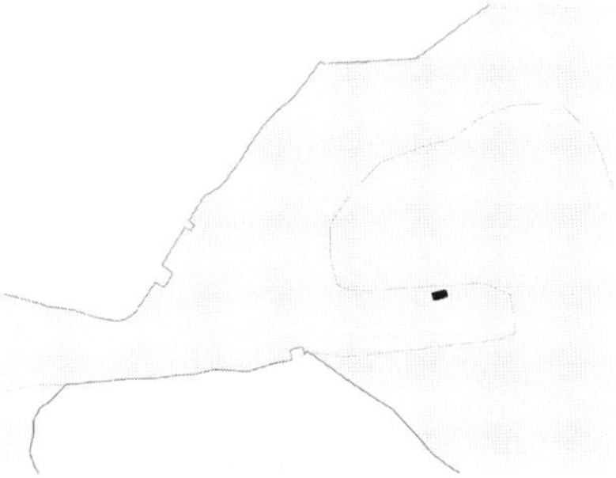

图 3-35　第一个渔排选址（来源：自绘）

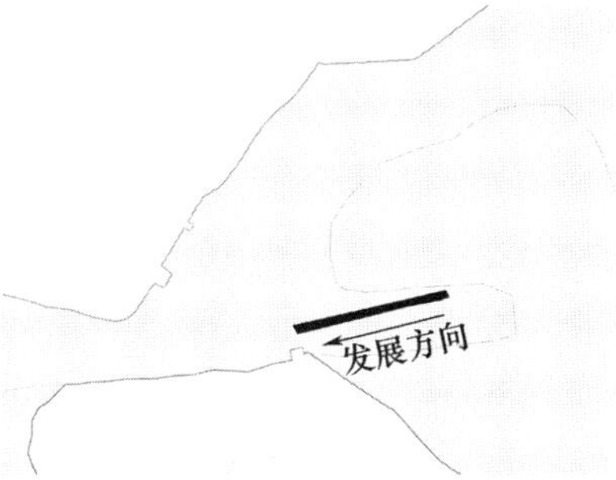

图 3-36　随水流方向扩张（来源：自绘）

渔排空间在发展到边界时，为适应环境，出现了扩展方向的转变。其中，当渔排扩展到潮汐汊道深水区时，形成了朝向湾底的反向延伸趋势，可向更广阔的水域寻求水上渔排的建设空间。而口门处渔排朝着垂直水流方向发展是由于此处水流较快，方向的转变起到了减缓水流速度的作用，增强了网箱的稳定性（图 3-37、图 3-38）。

图 3-37　随水流、水深方向扩张（来源：自绘）

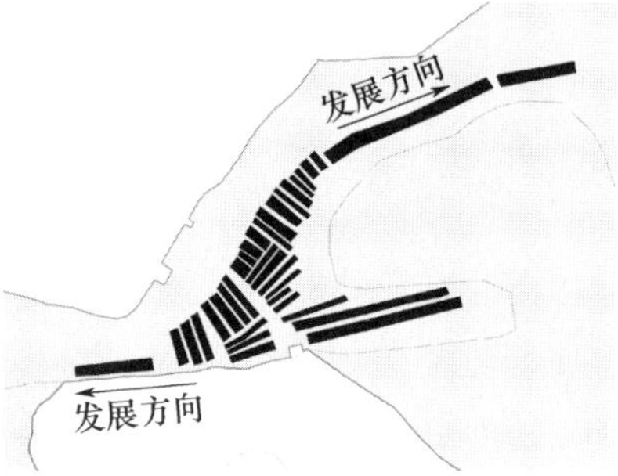

图 3-38　随外海以及内湾方向扩张（来源：自绘）

根据相关数据统计，1981 年至 2011 年的 30 年间，渔排建设面积从 0.07km^2 增加到 0.64km^2，约扩展了 9 倍 [99]，具有明显的扩张趋势。

3.3.3　渔排网箱养殖空间的构成

渔排是疍家人水上养殖的主要空间单元。网箱是组成渔排的网格模块，由水上的木框架和水下的渔网组成。木框架由 30cm 宽、3m 长、10cm 厚的木板正向交接而成，形成的开口也被称为“龙口”，开口尺寸多为 3m×3m。木框架的建造方式为：分别垂直水流方向与平行水流方向设置两组平行的木板，垂直于水流方向的木板居上，平行于水流方向的木板位于下方，并以直径约为 1cm 的不锈钢螺栓组固定。在每个木板交界处与端头顺着水流方向以捆绑的方式设置长 2m、宽 60cm、深 1m 的塑料泡沫浮块（图 3-39、图 3-40），借助浮力使得渔排可漂浮于水面上，随水流变化灵活调整，提高渔排的环境适应性。

在每个网箱开口中，沿着木板四周在水下悬挂渔网而形成网箱单元。网深受水深影响，为 2 ～ 7m，具有模块化的特征。根据养殖鱼类的特征与规模，可灵活组合渔网，形成大小不一的水下养殖空间。“渔排”的规模多由网箱的个数决定，常在纵横方向各搭接 4 ～ 5 个

[99]　顾智 . 海南陵水新村潟湖遥感水深反演及演化成因研究 [D]. 南京：南京大学，2018.

网箱而形成一个基本的“渔排”单元，因而“渔排”呈近方形，在水环境中具有较好的稳定性。

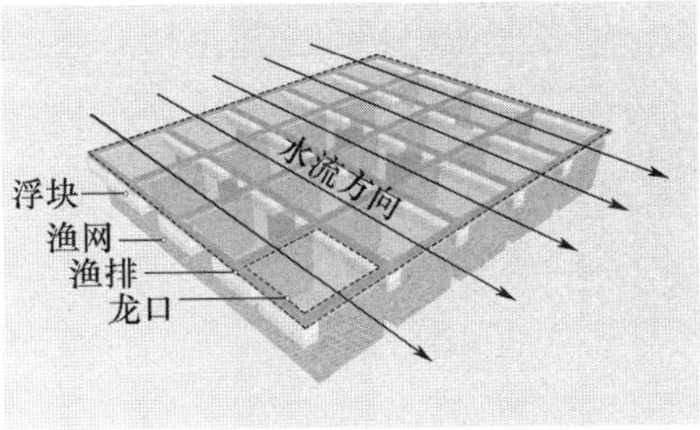

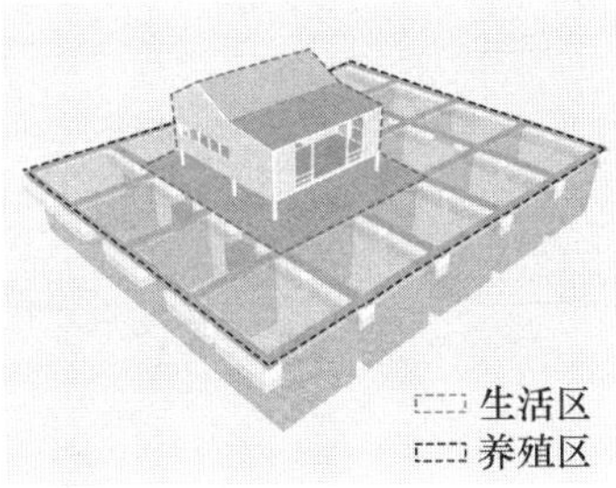

图 3-39　网箱模块构成（来源：自绘）图 3-40　网箱模块分区（来源：自绘）

此外，根据养殖生产的需求，以网箱单元为平面布局基础，其主要被划分为生活区与养殖区。以养殖空间为主，生活空间为辅，呈现出产居结合的特点。渔排空间整合了水环境空间的适应性利用，具有多元的空间功能与空间含义（图 3-41、图 3-42）。

图 3-41　“田字形”网箱模块（来源：自摄）

图 3-42 “龙口”（来源：自摄）

3.4　旅游产业空间

3.4.1　旅游开发与空间整合

新村旅游发展对于空间的利用主要包含陆上与海上两部分。依托南湾猴岛旅游景区延伸出来的空间有陆上的游客中心、游客码头、游客停车场、游客酒店以及海上的游客餐厅、休闲游乐世界、垂钓游乐园等。陆上的旅游配套空间主要集中分布于新村潟湖出口附近，海上的旅游配套空间则主要沿着猴岛一侧浅滩分布，并通过水上游艇、空中缆车、沿海公路汽车将各个空间联系起来，提高到达旅游目的地的便利程度。

此外，为了提升陵水旅游的品牌号召力，陵水文旅局、新村镇政府于 2020 年 8 月联合举办了新村首届疍家文化节。活动选址于新村中心渔港码头内，设有特色文化展示区、祭海仪式区、龙舟赛区、文艺汇演区等，实现了从生产空间到文旅空间的临时性转变，促成了功能空间的整合。活动期间，吸引了大量游客前来体验疍家文化。

整体来看，新村疍家聚落空间基于旅游业态的空间整合是集约化的、便利化的。对于当地疍家人而言，南湾猴岛旅游景区的配套空间大多是专为游客使用而建设的，疍家人一般不使用，存在明显的心理空间界限。而中心渔港上的疍家节活动，是在疍家人原本的劳动场所中进行的，展示的又是疍家文化，促使疍家人可以积极地参与到空间的使用与建设中，也让游客能深入地体验当地文化特色，为新村打造“旅游 + 文化”的业态模式创造了新的突破口（图 3-43）。

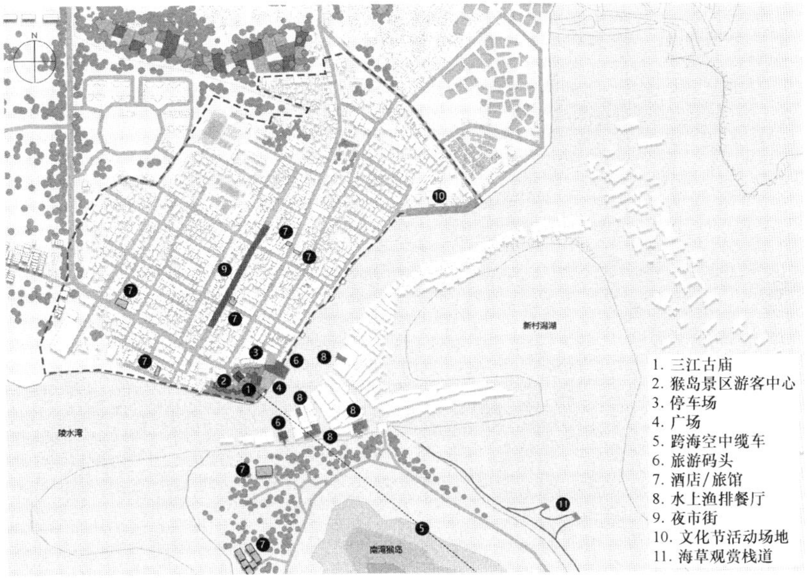

图 3-43　旅游产业空间分布图（来源：自绘）

3.4.2　旅游服务与空间更新

新村旅游业的蓬勃发展，为疍家人提供了转业转产的机会。新村疍家人利用自身的空间资源、产业资源积极地参与到旅游业的建设中，在服务转型要求中实现了多种功能空间的更新，主要包括码头空间更新、沿街居住空间更新以及渔排空间更新。

3.4.2.1　码头空间更新

从 1952 年起，新村先后沿着港湾建设了水产码头、港务所码头以及兼作供油系统和珍珠养殖的码头。如今，除了水产码头仍作为本地疍家人使用的主要码头，其他两个码头都进行了一定程度的更新与改造，可面向游客开放。

其中，原本作为货运码头的港务所码头经过空间更新与提升，转变为如今的游客码头。由原来的水泥码头，改造成木铺装码头，并设有安全护栏以及“疍”字文化标识。码头停靠着几艘专门接待游客的摆渡船，它们的主要用途包括将游客送至自家渔排餐厅上体验，运送拍照团队前往对岸的拍摄基地，以及以按小时租用的形式，带领游客乘船游览水上聚落等（图 3-44、图 3-45）。

图 3-44　游客码头（来源：自摄）

图 3-45　游客接驳船（来源：自摄）

供油系统和珍珠养殖码头则升级为中心渔港码头，码头已全部硬底化处理，平时用作大型渔船停靠的区域，偶尔作为举行“疍家文化节”等大型活动的主要场地，实现了空间的复合利用（图 3-46、图 3-47）。

图 3-46 平时的渔港码头（来源：自摄）

图 3-47 文化节期间的渔港码头（来源：自摄）

3.4.2.2 沿街居住空间更新

随着新村旅游业与现代服务业的发展，原本用作居住的首层空间被开辟出来，用作沿街商业空间，经营餐饮、百货等。由于疍家人的陆上住宅多是紧密排列的，现如今已形成富有特色的夜市街，吸引着外地游客与附近居民前来品味疍家美食。以经营餐饮为例，经历了从居住空间到商业空间转变的过程，首层空间原本的功能被移置二层，腾空出来用作用餐空间，并在自家门前搭设遮阳棚，利用屋前街道空间形成临时的室外用餐空间。操作空间则设在前廊空间一侧，一方面可联系起内外的用餐空间，方便上餐；另一方面则有利于油烟的排放。更新后的沿街空间被赋予了新的功能，迸发出新的经济活力（图 3-48 至图 3-51）。

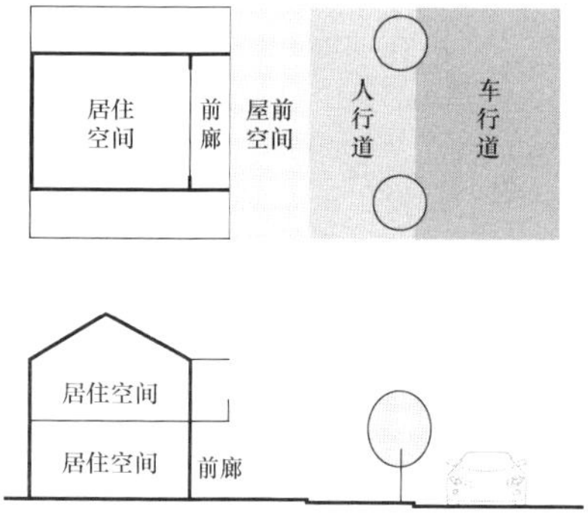

图 3-48　原沿街居住空间利用（来源：自绘）

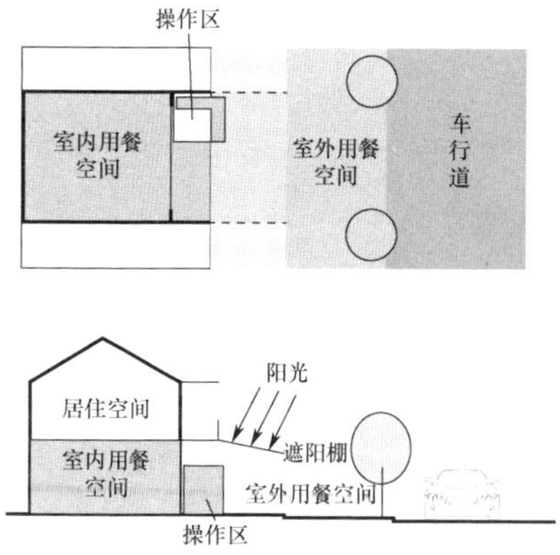

图 3-49　更新后沿街居住空间利用（来源：自绘）

图 3-50 沿街居住空间微更新（来源：自摄）

图 3-51 沿街居住空间关系（来源：自摄）

3.4.2.3 渔排空间更新

渔排空间的更新是对应文化旅游的需求而催生的。根据旅游服务的需要，传统渔排被改造成水上的渔排餐厅。空间布局上，传统渔排空间最重要的是开阔的养殖空间，配合紧凑的居住空间，便于养殖的生产与管理。渔排餐厅虽保留了部分养殖空间，但整体占比较小。网箱上大部分空间都铺设了木板，保证渔排上的活动空间。此外，水上渔排餐厅主要由几幢相互独立的水上小屋组成。其中，双层的小屋为主要的用餐空间，四周不封闭，以保证通风与用餐的视野。另外，亦可增设露台形成独特水上用餐空间。一层小屋则为后厨空间。房屋的外部空间多用顶棚覆盖连成一个整体，并预留部分露天平台，用作室外用餐空间与落客平台。相比传统渔排空间而言，由于功能定位与使用者的差异，水上渔排餐厅空间布局较为复杂，空间品质更高且更为干净整洁，是空间形式目标导向性更新的结果（图 3-52、图 3-53）。

图 3-52　兼作文化展示的渔排餐厅（来源：小舆岛）

图 3-53　水上渔排餐厅（来源：自摄）

3.4.3 旅游升级与空间重组

随着海南旅游布局定位的调整并结合现代旅游产业的发展特色，新村的旅游产业形成了以生态与文化为特色的旅游空间升级，通过生态保护区与文化保护区的设立，从法律与政策层面保证旅游资源的可持续开发，以此进一步挖掘发挥新村疍家聚落区域范围内丰富且珍贵的自然生态以及特色文化资源。

生态方面，在新村潟湖东南侧沿南湾半岛岸线设立了我国首个海草特别保护区，并修复了潟湖西北侧的红树林；文化方面，新村“三海社区”的水上疍家渔村于 2019 年入选第五批中国传统村落，特色的水上族群文化与聚落文化得到重视，《陵水县新村镇疍家渔村（海鹰村、海燕村、海鸥村）传统村落保护发展规划》起草完成得以公示。

当下，生态与文化的可持续发展成为区域发展的动力，影响着新村聚落空间的转向。在生态、文化保护发展理念的指导下，在区域范围内，形成了对应的生态保护区以及文化保护区，各保护区域空间界限清晰，聚落空间得到进一步重组（图 3-54）。

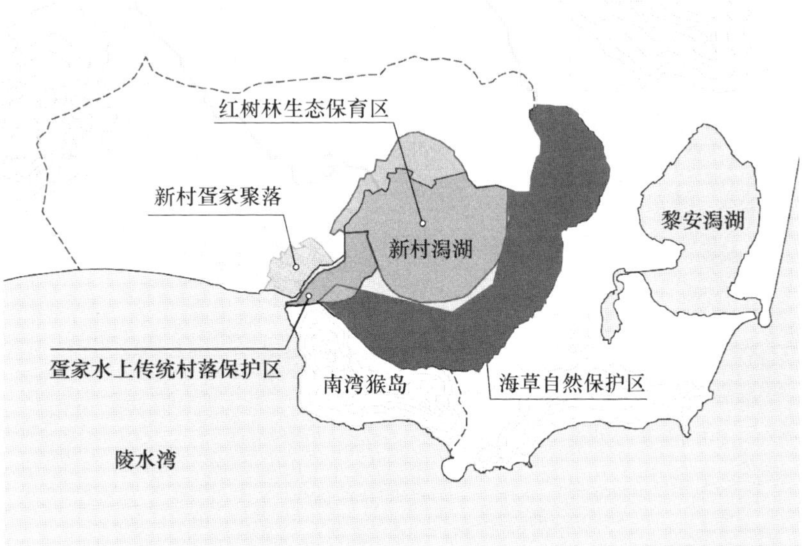

图 3-54　生态、文化保护区空间范围示意（来源：自绘）

3.4.3.1 生态保护区

新村港海草特别保护区位于东部内湾沿岸海域，保护区面积为 13.1km^2，是我国首个以海草床生态系统为保护对象的特别保护区（图 3-55）。在保护区内，沿岸线设置了供游人观赏海草的带形休闲木栈道及亲水平台（图 3-56）。木栈道沿岸线方向长约 3km，宽 2.5m，其起点在临近南湾码头的沙滩上，终点与联系南湾村的水泥路相接。休闲木栈道高架于水面上，为桩基结构。栈道采用防腐木透水结构，两侧为防护栏杆。沿着栈道，间隔一定距离便设置一座亭子，起遮风避雨作用并为游人提供歇脚之地。此外，在海草生长密集的区域设置了两个亲水平台，其为钢筋混凝土结构，与栈道相连。结合旅游空间需求，平台兼作游船码头与观景平台，面积为 600 ～ 800m^2，为木铺装，并设置了部分绿化空间。栈道、亭子与平台共同形成了海草特别保护区内点、线、面相结合的游览空间[100]。

图 3-55　栈道航拍（来源：自摄）

[100]　http://lingshui.hainan.gov.cn/xxgk_57512/0400/201708/t20170828_1131511.html.

图 3-56　栈道与海草（来源：自摄）

潟湖内另一生态保护区为红树林国家湿地公园，具体区位为潟湖东北部，通过退塘还湿还林的生态整治措施，先后在滩涂上人工栽植了数千棵红树林幼苗进行培育，着力恢复新村潟湖的海洋生态系统，并打造富有特色的休闲生态景观。红树林国家湿地公园的规划面积约为 958.22 公顷，湿地占地 943.20 公顷，占比约 98%。

湿地公园的规划中包含了 5 个分区：生态保育区面积最大，为涵养湿地的潟湖水域；恢复重建区为湿地主体空间，沿着潟湖北部的滩涂分布；科普宣教区、合理利用区与管理服务区为湿地公园的辅助空间，建有观景台、休闲木栈道等配套服务设施（图 3-57）。

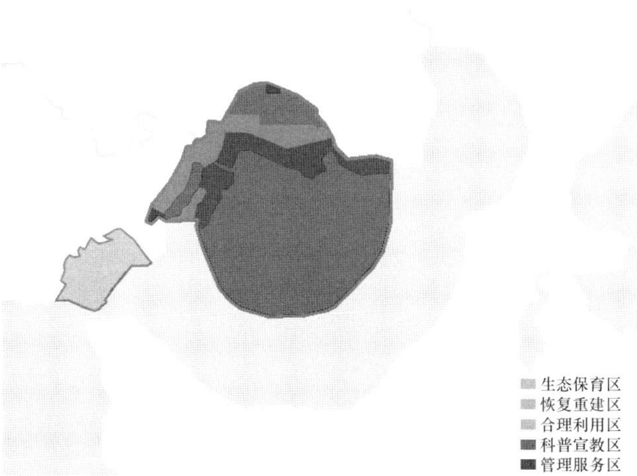

图 3-57　红树林公园规划分区

（来源：根据《海南陵水红树林国家湿地公园总体规划（2018—2022 年）》改绘）

3.4.3.2 文化保护区

在《陵水县新村镇疍家渔村（海鹰村、海燕村、海鸥村）传统村落保护发展规划》中，其规划范围主要包括水上渔排、水道和新村潟湖局部。新村疍家水上传统村落保护的类别包括村落的自然景观环境、村落传统格局与整体风貌、传统建筑物、历史环境要素以及非物质文化遗产。主要保护对象为新村的潟湖生态环境、水上渔排空间形态、作为历史街巷的主次水道空间、三江古庙和港口码头、水道—南湾半岛景观视廊等。根据水上聚落的空间现状，共划分出包括核心保护区、建设控制区以及环境协调区三个保护范围，并对各区内的建筑进行分类规划，有的将被拆除，有的则进行保留修缮，有的或在一定的管控条件下进行新建。此外，通过增设水上疍家文化展览馆、水上民宿、水上餐厅等，凸显水上聚落空间特色。在区域规划中，将周边旅游资源联动起来，打造疍家渔村“南湾猴岛停车场—古码头—疍家渔排建筑群—疍家文化陈列馆—疍家渔排餐厅—海草床—红树林—中心渔港—渔村海岸休闲商业街”水陆结合的旅游路线，促进传统村落的可持续发展（图 3-58、图 3-59）。

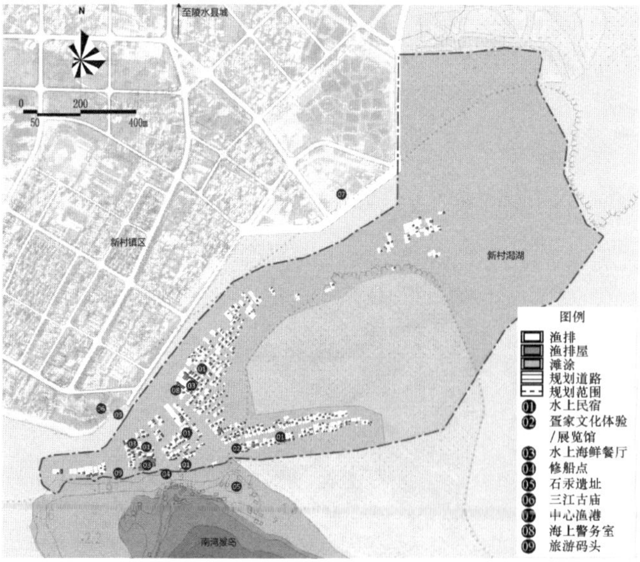

图 3-58 规划总平面图

（来源：《陵水县新村镇疍家渔村（海鹰村、海燕村、海鸥村）传统村落保护发展规划》）

图 3-59　规划旅游线路

（来源：《陵水县新村镇疍家渔村（海鹰村、海燕村、海鸥村）传统村落保护发展规划》）

3.5　本章小结

本章主要分析了新村疍家人的生计模式及其所对应的产业空间。在海洋环境变迁与时代发展的作用下，疍家人的生计方式从单一的渔业捕捞，扩展出渔业养殖以及旅游服务等生计方式。渔业生计的转变，是疍家人发挥自身的生计优势，利用长期“做海”所形成的海洋技艺对海洋资源利用的新探索。此外，在区域产业发展的过程中，新村利用南湾猴岛、疍家文化为主的核心旅游资源，找准旅游发展的产业方向。在此过程中，疍家人发挥自身文化优势，参与到旅游服务等新兴产业中，探寻“做海”之外的生计发展：一方面是对海洋生态环境恶化所导致的渔业生计困境的应对；另一方面是对社会整体朝向可持续生计方式转变的调整与适应。根据不同的生计模式，形成了相适应的聚落产业空间，分别为捕捞产业空间、养殖产业空间、旅游产业空间。

捕捞产业空间中，以捕捞方式划分出游牧耕海的流动捕捞空间以及定点作业的固定捕捞空间。随着捕捞工具的提升，流动捕捞空间的分布从早期在海南岛东部渔场随鱼汛的季节迁移，进而发展出向南海广阔海域的远海捕捞。而固定捕捞空间主要分布于聚落外部的海域环境，在距离港口半小时至一小时的航程范围内。渔业捕捞生计主要由产销两部分空间组成。对应的渔获销售场所主要为以批发交易为主的鱼市码头与以零售交易为主的海鲜市场。对应交易活动的过程形成了对市场空间的不同利用方式。另有船只修补、航油补给、渔网晾晒等配合捕捞作业的生产服务空间沿着港湾呈线性布局，形成围绕捕捞生计的一系列产业空间。

养殖产业空间主要分布于新村潟湖内，以鱼类养殖、珍珠贝养殖、麒麟菜养殖为主，根据不同的发展时序，养殖产业对海洋空间的利用存在些许差异。早期，各类养殖空间混合布局，为无序发展阶段。2000 年前后，潟湖环境恶化，养殖产业受到严重影响，政府介入，对潟湖养殖空间进行合理规划，形成由潟湖出海口至湾底依次为鱼类养殖区、珍珠贝养殖区、麒麟菜养殖区的养殖产业空间布局模式。2016 年，国家与社会各界提升了对潟湖环境、海洋环境的高度重视，传统养殖模式需进行升级调整，在空间上将潟湖内的浅海养殖网箱大规模取缔，取而代之在外海给疍家人规划新的深海养殖空间。目前的养殖空间形态受到潟湖环境与聚落交通环境的影响，以渔排组团的形式在潟湖最先占据水深、风环境等较为理想的水域建造，并在不同的发展阶段随着不同的方向进行发展，形成疍家人的主要水上养殖空间。作为养殖单元的网箱的空间构成要素主要包括网箱框架、浮块以及渔网等。

疍家聚落区域范围分布有南湾猴岛、石贡遗址、疍家文化、珊瑚礁、海草、红树林等生态、文化旅游资源。为了将各类资源进行联系，在特定的空间节点，对聚落空间进行了整合。主要是围绕南湾猴岛及其对岸的码头空间设置游客中心、海上空中缆车、游客码头、水上渔排餐厅，酒店等旅游服务设施。结合旅游服务的升级，对原有旅游产业相关的产业进行了更新，主要包括码头的更新、沿街居住空间的更新以及水上渔排的更新。当生态与文化的可持续发展成为区域发展的动力，在原有旅游资源的基础上，新村镇进一步挖掘了包括海草、红树林、传统疍家水上聚落在内的特色生态、文化旅游资源，以及更大范围的旅游度假资源，进行了区域旅游产业的升级，在生态、文化保护发展理念的指导下，形成了对应的生态保护区以及文化保护区，聚落空间得到进一步重组。

4　受社会结构影响的聚落居住空间

社会结构是社会人类学的重要组成部分，是处于相同文化系统中的人与人之间的相互关系，蕴含着作为个体的人以及群体中的人两个层级的内涵。随着人类互动关系的变化，社会结构具有明显的动态性[101]。在聚落形成过程中，人与人之间的互动关系所形成的多样社会关系影响着聚落空间的形成[102]。本章从社会结构分析的角度切入，探究新村疍家人在发展过程中所形成的家庭结构、家族结构以及业缘、地缘关系所产生的“社会力”在聚落居住空间中的表征与形塑作用。

4.1　新村疍家人的社会结构

新村疍家人有关社会关系网络的意识观念里，有一张以自我为中心而呈辐射状的蓝图[103]。圈层的中心，是以个体形式呈现的自我，往外一层，则是自己的家庭，两者构成疍民社会的基本结构。家庭之外，是同胞兄弟姐妹及其家庭组成的亲属群，以此为基础聚合而成疍家人的家族结构。家族之外，是处于同一文化系统中的其他疍家人，在地域范围内形成族群关系，彼此之间具有一定的业缘关系。疍民族群之外，是共同生活在新村海陆环境中的其他族群，不同族群之间具有一定的业缘以及地缘关系。基于疍家人的社会圈层，与之对应的社会结构组成分别为个体的人、家庭结构、家族结构、业缘关系以及地缘关系。此种关系网圈层的划分很大程度上受社群间共有的情感基础以及物质基础影响。情感基础包括亲情、友情等，而物质基

[101]　（英）拉德克利夫·布朗．社会人类学方法 [M]. 济南：山东人民出版社，1988.

[102]　业祖润．传统聚落环境空间结构探析 [J]. 建筑学报，2001（12）：21-24.

[103]　周泓．杨柳青镇乡：地缘圈界与信仰圈层——兼论汉人社会圈层形态 [J]. 广西民族大学学报（哲学社会科学版），2011，33（03）：61-70.

础包括淡水资源、祠庙等。此类基础越多，社群间的关系便越紧密（图 4-1、图 4-2）。

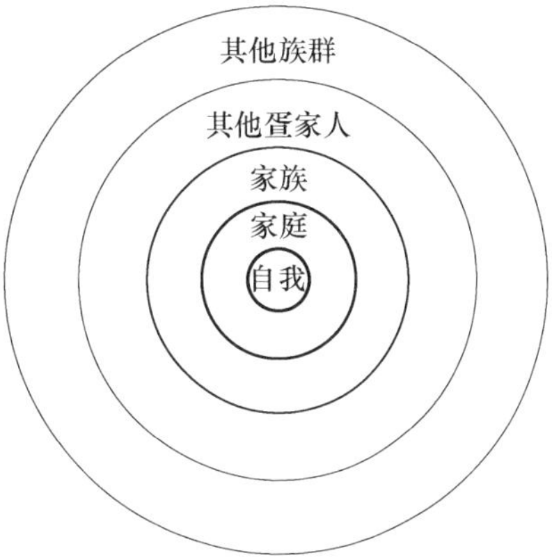

图 4-1　社会关系圈层（来源：自绘）

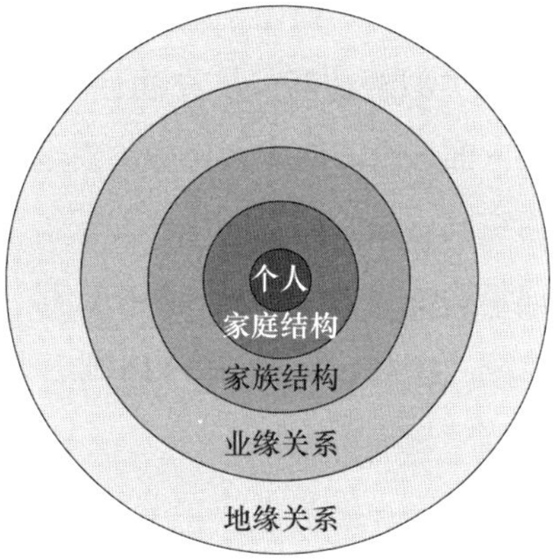

图 4-2　社会结构组成（来源：自绘）

4.1.1　家庭结构

在人类学的范畴内，家庭结构指的是共同生活在同一空间中的各家庭成员的组成以及不同成员间的互动关系。与之对应形成家庭模式与家庭人口两个基本的要素[104]。新村疍家人的家庭结构很长时间内是以一对夫妻及其未成年的子女组成的核心式家庭为主（图 4-3）。核

[104]　费孝通 . 论中国家庭结构的变动 [J]. 天津社会科学，1982（03）：2-6.

心式家庭模式的形成与应用主要有两点原因：其一，疍家人是游牧耕海，以舟为室的特殊水上族群，其生产生活所依托的住家船空间往往狭小拥堵，无法承载过多的人口，限制了家庭的扩展；其二，疍家人的水居环境充满风险，对家庭人口的控制是疍家人适应生存环境的策略性选择，避免船只遇难而导致整个家族灭亡。因此，在疍家人的家庭传统中，成年后的儿子往往需在家庭的支持下另造新船，娶妻生子，组建新的核心家庭。成年的女儿则会嫁到另一艘船上，各自形成新的核心家庭[105]。长期的实践使得疍家人基本适应了小型家庭的组织方式，这既是空间制约的被动选择，也是适应环境的主动选择，体现了疍家人的家庭组织特点。

随着疍家人开始上岸居住，建造陆居空间，其获得了相较住家船更大、更稳定的居住空间，可容纳的家庭人口增多，为家庭的扩展提供了可能性。但由于陆上房屋建造基地与建设成本过高等客观因素，通过类似新造船只扩充居住空间单体以适应人口增长的方式受到制约。面对空间的扩大与房屋建造的制约，疍家人的应对方式是充分利用空间，进行合理的组织划分，在单一空间中聚集更多的家庭人口，成年的子嗣仍与父辈居住在一起，形成三代居的模式，组合成更大的家庭。因此，其家庭结构相适应地发生了变化，衍生出从父居主干式家庭结构（图 4-4）。

另外，疍家人的家庭结构中还有适应大型渔业生产活动而形成的从父居扩充式家庭结构。此种家庭结构的形成受生产需求的影响较大。进行大型渔业生产的疍家人常说“人手不够，船开不了”[106]。一般情况下，大型渔业生产至少需要十名人手。当人手不够时，疍家船主往往选择雇佣旁系亲属作为帮工进行辅助生产。成年子嗣、旁系男嗣与父辈随着渔业活动共同生活在具有一定规模的船只上，组成更大的家庭（图 4-5）。

---

[105] 赵莞丽 . 明清时期广东的水上居民 [D]. 广州：广东省社会科学院，2007.

[106] 张朔人 . 海南疍民问题研究 [J]. 安庆师范学院学报（社会科学版），2007（02）：53-55.

整体来看，疍家人主要以核心家庭为基础，家是疍民社会构成最基本、最重要的结构。在经济条件、生产方式等多方面因素的影响下，以核心家庭为单位，衍生出不同的家庭结构类型[107]。

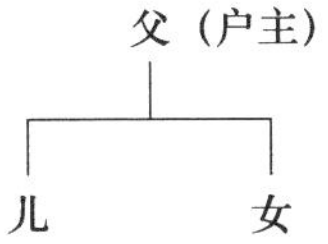

图 4-3　核心家庭（来源：自绘）

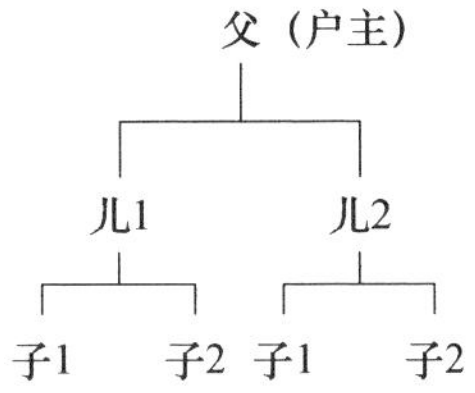

图 4-4　主干家庭（来源：自绘）

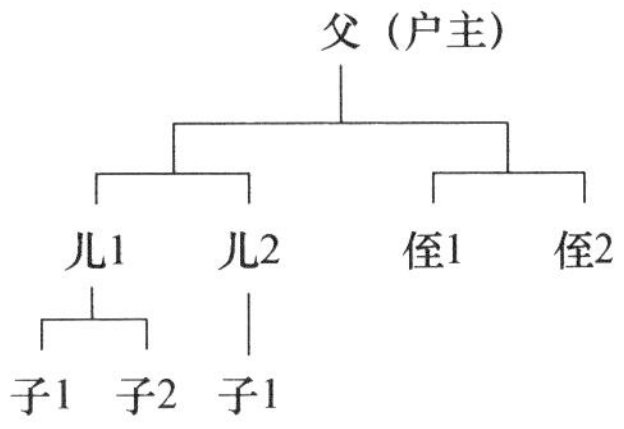

图 4-5　扩充家庭（来源：自绘）

4.1.2　家族结构

疍家人受海上漂泊的生活习性的影响，导致亲属间的流动性较强，再加上文化水平受限，对于亲属关系的记载相对较少，因此，相较其他汉族社会而言，其家族观念也较为薄弱，呈现出重家庭而轻家族的特点。有的观点认为，疍家人的这种弱宗族性，是受生存环境的影响形成的,而非文化上的选择[108]。随着疍家人陆续在新村港定居下来，结束了早期四处漂泊无依的日子，经济地位不断提高，确有部分家族率先尝试通过编写族谱等方式，建立起以血缘为纽带、具有共同祖先的家族组织，融入更大的群体，来改变自身的身份和地位。

但对于大部分的新村疍家人而言，多代际的宗族观念仍是十分

[107]　郑朝波. 陈序经疍民研究的社会学视角 [J]. 新东方，2008（06）：61-64.

[108]　（英）莫里斯·弗里德曼. 中国东南的宗族组织 [M]. 上海：上海人民出版社，2000.

薄弱的。从疍家人所供奉的祖先来看，其看重的是三代以内具有父系血缘关系的家族成员关系的维系，并采用父系继承的方式联合成继嗣群体与亲属群体，构建紧密的亲属关系网络，以应对海洋环境下生产、生活所面临的大规模协作、资源共享以及突发的自然灾害等（图 4-6）。究其原因，其一，疍家人流动性大，少谙文字，谱系不通，靠记忆延续的家族世系相传三四代后便不易辨别；其二，疍家人重视父系血缘关系很大程度上是受其生活环境与生产方式所影响，一个家庭中拥有更多的男嗣意味着家庭生产可获得更多的劳动力支持以达到更大的产出，保证家庭生活的经济来源[109]。

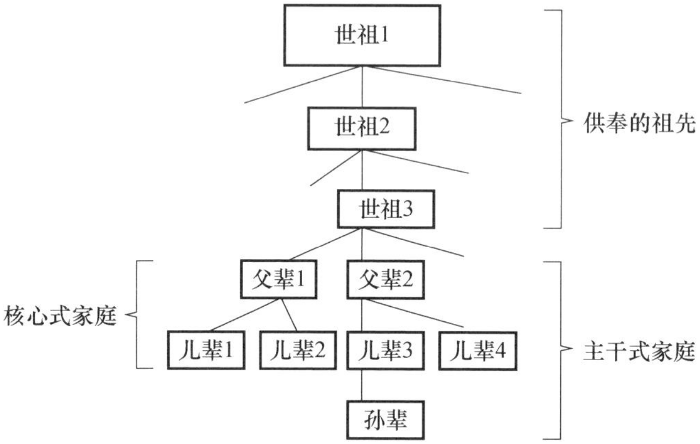

图 4-6　家族关系图（来源：自绘）

4.1.3　业缘关系

业缘关系是人们由职业或行业活动需要而结成的人际关系。由于新村疍家人大部分从事与海洋生计相关的工作，其业缘关系主要是围绕着渔业生产与渔获交易展开的。存在船主与船工的雇佣关系，“毛头”与船主、养殖户与鱼贩的贸易、合作关系以及同行业疍家人之间的合作、竞争等多种业缘关系。对于以捕捞或养殖为主的疍家人而言，其主要劳动分工是渔获产出，产出规模较大需要雇佣帮手时也会优先考虑自家亲戚，而交易、贩卖等工作，多由家族中的其他成员去

[109]　陈序经 . 疍民的研究 [M]. 上海：商务印书馆，1946.

执行，很少与外人合作，因而形成了以血缘关系为基础的业缘关系，体现了家族经济模式的特点。

此外，对于耕海为生的疍家人而言，优良的栖息地既要拥有适宜的海域条件，也要具备能提供生产生活支持的陆地环境。通过与陆上族群的商贸往来，形成彼此的社会联结。例如，为了储存渔获，疍家人会从附近以福佬人为主的盐业村庄购买质优价廉的海盐；疍家人生活所需的木柴多从以农林业为主的村庄获取；临近山区的黎人、苗人也常挑槟榔等土特产下山换取疍家人的鱼和鱼露等海产品[110]。在有限范围的地理单元内，不同族群根据其生计资本、生计手段的差异而采用不同的生计模式，各自的劳动产出以供需关系为前提，在商贸活动中加强了族群间的互动，建立起临时性的业缘关系（图 4-7）。

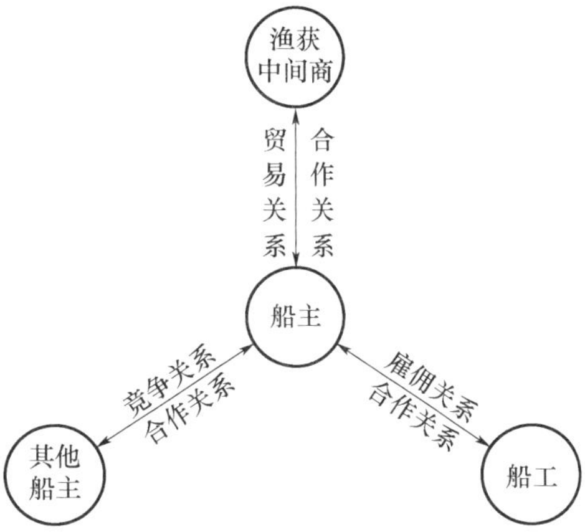

图 4-7　业缘关系图（来源：自绘）

4.1.4　地缘关系

依托港市而不断扩展的聚落空间里，共同生活的族群有疍家人、

---

[110]　刘莉 . 南湾：多族群聚居地的生境、历史和港湾发展 [J]. 北方民族大学学报（哲学社会科学版），2019（06）：84-90.

“陆上人”以及临高人（图 4-8）。不同族群以地理空间为联结的纽带，在互动交往中形成的人际关系以稳定的地缘关系加以固定，是社群组织的重要因素 [111]。

聚集在新村的不同族群各具特色。其中，“陆上人”多属福佬人，操属于闽南语系的海南话。他们最早从事农业，由附近村落迁到新村港市后，主要从事商业活动，为聚港的居民提供岸上生产生活服务，为目前新村镇第一、第二、第三大队的主要人口组成。另一族群临高人则于 20 世纪 80 年代因躲避台风、补给修整陆续从位于海南岛西北部的临高县各镇的渔村迁居新村港。他们操临高话，以从事渔业捕捞、养殖为主。目前，人口发展到了 2500 多人，为新村社区的主要人口组成。三个族群在互动交往的过程中，往往能保持谦逊随和的态度，在聚居范围内依托生产生活形成了和谐的邻里关系（图 4-9）。

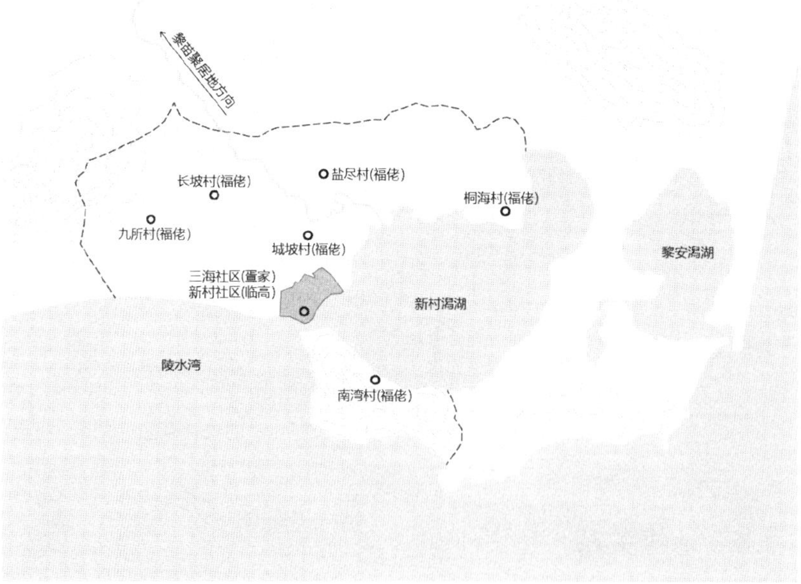

图 4-8　新村镇族群分布图（来源：自绘）

[111]　宋丽娜 . 熟人社会的性质 [J]. 中国农业大学学报（社会科学版），2009，26（02）：118-124.

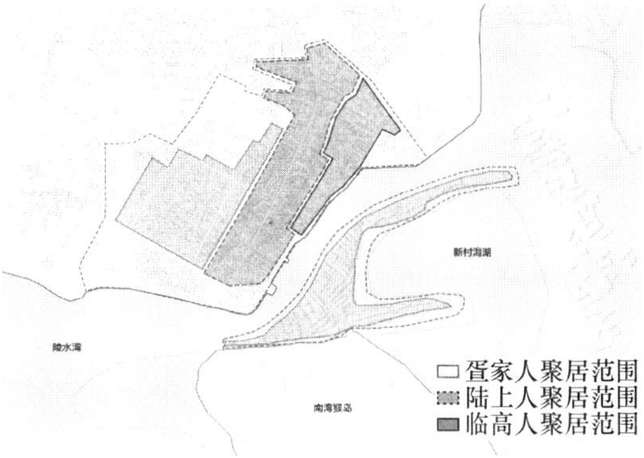

图 4-9　族群组成与聚居范围（来源：自绘）

4.2　家屋空间

“家屋”的概念最早由人类学家列维斯特劳斯提出，强调“家屋”并非只是由建筑材料建构的静止、孤立空间，人也应是“家屋”的重要组成部分[112]。家屋空间中人的活动蕴含着对空间资源的分配，家庭关系的社会生产与再生产以及家庭分工所对应的空间组织利用，进而引申出家庭群体对空间观念的基本认知以及对空间隐喻与象征意义的文化实践与建构[113]。家屋空间作为承载家庭活动的主要空间，蕴含着家庭关系在空间上的投射。从不同时期的家屋空间类型切入，透过物质空间实体，探究家屋空间与社会结构的相互作用关系。适应不同的家庭组织结构，家屋空间出现多种变形，调节着家与人以及家与家之间的关系，也限定了享用家庭财产的范围。

疍家人的家屋空间，包括四部分的内容：物质性的实体空间、居住于其中的家庭成员、屋里的财产（包括器具、粮食等实体财产以及社会地位等虚拟财产）、屋的神圣物（供奉的神灵与先祖）。随着时代

[112]　黄应贵 . 空间、力与社会 [J]. 广西民族学院学报（哲学社会科学版），2002（02）：9-21.

[113]　许瑞娟 . 摩梭家屋空间建构的隐喻象征意义解析 [J]. 云南民族大学学报（哲学社会科学版），2015，32（03）：49-54.

的变化与经济的发展，新村疍家人的家屋空间经历了“住家船—疍家棚—长屋—渔排”的演变（图 4-10）。不同时期家屋空间的外部表征与内部表征分别对应疍家人对外部居住环境变迁的适应与对内在家庭核心与精神核心的坚守。

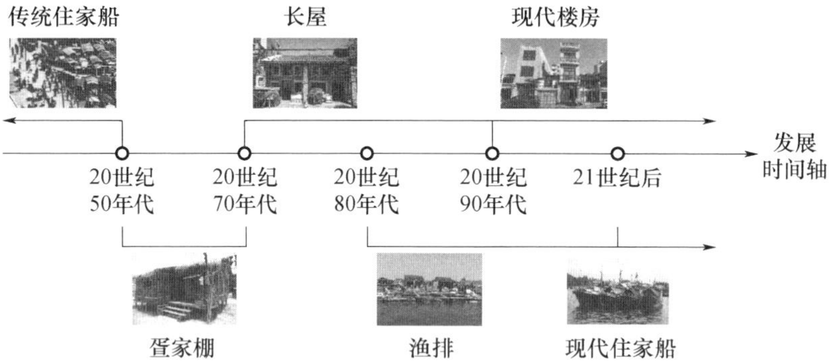

图 4-10　居住空间发展演变时间轴（来源：自绘）

4.2.1　泛家浮宅——住家船

人类居住的空间形式多种多样。“诸疍以艇为家”[114]“以舟为室，视如陆，浮生江海”[115]等均是对疍家人舟居模式的描述。千百年来浮居于江海的疍家人，对舟居空间的适应具有悠久的历史，以至于在大多数疍家人的观念里，非建筑形式的舟居空间，才是他们真正意义上的传统居住空间。在新村，20 世纪 50 年代之前，疍家人以舟居为主。如今，仍有一部分的疍家人保持舟居的居住模式。船只对于他们而言，不仅是生产作业的工具，也是生活起居的主要场所。随着时代的发展，传统狭小的住家船基本被现代住家船所取代，空间规模更大。所对应的传统舟居空间与现代舟居空间在布局方面具有空间上的延续性，但因舟居成员的数量与关系的差异，空间组织方面出现了空间细化与空间区隔的趋势。

---

[114]　[清] 屈大均 . 广东新语 [M]. 北京：中华书局，1985.

[115]　杨武泉校注 . 岭外代答校注 [M]. 北京：中华书局，1999.

4.2.1.1　传统舟居空间

以舟为室的疍家人，在对舟居空间进行组织的过程中，既要考虑家庭生活的需求，也要考虑生产活动的需求。疍家人通过合理的空间组织，实现了对不宽裕居住空间的有效利用与安全管理。平面组织方面，传统住家船长约 6m，宽约 1.5m。疍家人将船只划分为“前—中—后”三段式的空间，即用于生产劳作的前舱空间，用于起居与休憩的中舱空间以及用于生活辅助的后舱空间（图 4-11）。结构组织方面，甲板之上为主要的活动空间，甲板之下常被隔作两层。其中，最下层为隔水层。隔水层之上为底舱，划分为若干小格，是疍家人用于储存渔获、粮食、生活用品及各类杂物的空间。底舱的设计既为疍家人狭小的舟居空间提供了丰富的储物空间，保证了活动空间的通畅整洁，同时通过储物的方式增加船只底部的重量，有利于提高船只的稳定性[116]。以此舟居空间为基础,疍家人在不同的空间进行着生产生活实践（图 4-12）。

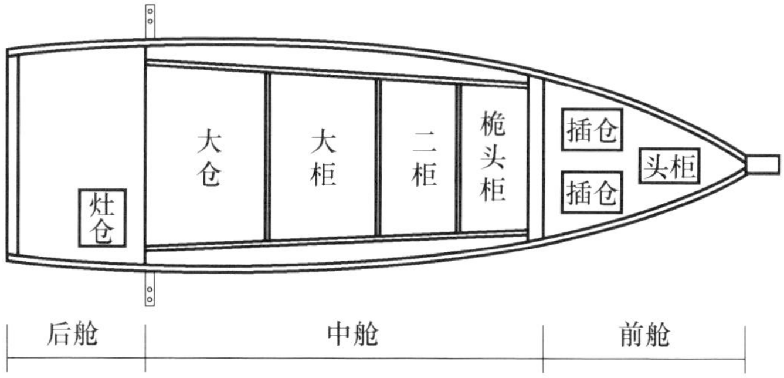

图 4-11　传统住家船平面（来源：自绘）

[116]　吴水田，司徒尚纪．岭南疍民舟居和建筑文化景观研究 [J]. 热带地理，2011，31（05）：514-520.

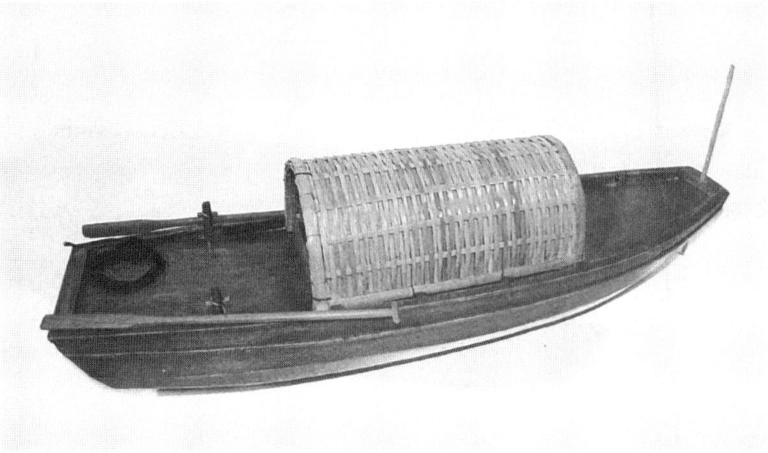

图 4-12　传统住家船模型（来源:《疍家岁月》）

1. 前舱空间

为方便下网、起网、渔获晾晒等生产活动，前舱空间往往不设固定的遮盖物，并在前舱甲板设置对应不同功能的底仓储存空间。前舱空间的利用分为生产进行时与非生产时。进行生产活动时，由于捕捞作业的劳动性质，空间多处于开敞、潮湿的状态。作为家庭劳动主力的夫妻相互协助，下网捕捞，将渔获分拣，储存在对应的底仓空间中，并将渔网悬挂晾晒于一侧，待渔网干透，整理收拾存放在对应的底仓空间。完成生产相关活动后处于非生产状态的前舱空间，疍家人将其转换成与邻近住家船的交往空间，在此进行交谈、娱乐。天气好的时候，一家人便在此用餐。可见，疍家人对前舱空间的利用呈现出多元复合的特点。

2. 中舱空间

中舱空间为适应起居与休憩活动多设有遮蔽物，为竹编的席棚所覆盖，棚长约 2.2m，宽约 1.5m，高约 0.9m。席棚呈拱形，表面不开口，保持围护表面的完整性以增强结构的稳定性。弧拱造型为前舱空间与后舱空间自然地预留了出入口，并形成通风散热的通道，拱形席棚是疍家人为适应环境与舟居空间结构所独创的遮蔽围护空间。棚下空间作为疍家人的起居场所，需保持一定程度的洁净，因而在中舱空间与前后舱空间交接的地方往往做微高差处理并设类似门槛的构件

以区分内 / 外、公 / 私、动 / 静与洁 / 污空间。由此可见，疍家人在中舱空间的处理上呈现出了二元对立的空间特点。

此外，中舱空间的底舱布满了收纳储物空间，有大小之分。疍家人会将寝具与生活用品放入底舱，以保证中舱活动空间。常用的小物件则多悬挂在席棚两侧，避免因水上晃动而倾倒。

另一方面，狭小的棚下空间仅能容纳一对夫妻及其未成年的孩子活动，并规范了活动于其中的人的行为动作，成年人仅能以坐姿的方式在空间中移动。空间组织较为简单，并没有明显的长幼尊卑空间秩序。疍民夫妻作为家庭的核心，除了要保证生产生活的有序进行，在充满不稳定危险因素的水居环境上，常常通过限制孩童的活动空间范围，保证其安全。比如夜间睡眠时，夫妻会分睡两侧，孩童睡在父母中间，以免孩童夜间无意识地意外落水。这从侧面反映出小型核心家庭结构下的家屋空间位序的安排是应对特殊居住环境作出的最基本生存反映。

3. 后舱空间

后舱空间相对前舱空间与中舱空间较为狭小，主要分为两个空间区域，一是炊食空间，二是其他生活辅助空间，可根据实际生活需求遮盖临时性的篷布。后舱空间的底舱主要用作储存柴火与炊食用具，称为“灶仓”，便于杂物的收纳与保证船上用火的安全。

4.2.1.2　现代舟居空间

在现代住家船中，多将中舱空间与后舱空间合并，用木板四周围合成船上小屋的样式，称作“甲板舱”。舟居空间长约 13m，宽约 3.5m，高约 3m，采用“前—后”的布局模式。前舱空间为生产作业空间，满布现代化的起网机械，网具直接堆放于此。甲板舱内，左侧靠前为驾驶舱，其余空间为不做分隔的大通铺，是主要起居空间。在甲板靠后的高度方向上分设夹层，区分出船上不同成员的睡眠空间。甲板舱后方则为生活辅助区，设独立的厨卫空间。相较于传统舟居空间，现代舟居空间对于功能空间的分类更独立，空间组织更复杂，以适应不同人员的使用（图 4-13）。

图 4-13　现代住家船（来源：自摄）

图 4-14　甲板舱空间（来源：智渔）

在现代的舟居空间中，往往对应着扩充式的家庭结构，共同居住在船只上的成员主要包含了两个不同的群体。一为与船主具有直系血缘关系的主干家庭，另一群体为合作生产的旁系兄弟以及作为帮手的无血缘关系的外来船工。在多人员结构的组成下，疍家人仍倾向于以血缘关系为导向在空间中聚集。男女船主主导着整个船居空间，主干家庭之外的成员以客居的方式居住于船上，其空间利用多处于从属的位置。在有限的甲板舱内，从空间的形式与组织方式中，可以发现存在较为明显的空间区隔，主要体现在睡眠空间与起居空间中。这种区隔的形成，与以合作生产为主的扩充式家庭结构中不同成员之间血缘关系的亲疏以及作为家庭核心的船主夫妻的潜在权力有密切关联。

1. 睡眠空间

船主会在甲板舱靠后 1/2 的位置距甲板约 1m 高的地方隔出固定的夹层空间，用作卧寝的主要空间。只有直系的家庭成员，才可允许到达这个夹层空间，并且，这个空间多为船主夫妻及其未成年的孩子使用，是家庭内最内向、最洁净的空间。主干家庭的其他成员，如年迈的父辈等则多在甲板舱靠近神龛的一侧休息，往往不专门设置封闭独立的卧室。相对主干家庭成员而言，船工大多没有固定的休憩空间，多是随意地聚集在甲板舱内的大通铺上，或是在船头和船尾较为宽敞、便利的空间悬挂吊床用作临时的休息空间。劳作的时候则将吊床收起，灵活变动，不过多影响原本空间的使用。

2. 起居空间

甲板舱是最主要的起居空间，容纳船上生活的休憩、娱乐、用餐、社交等活动。通过观察不同成员的行为方式以及空间范围可以发现，起居空间内围绕不同的活动内容存在空间的聚散。四方形的起居空间天然形成了四个分散的角落，每个角落对应不同人群的活动。以船行的方向为正向，左上角为掌舵的船主的角落，左下角为靠近神灵的父辈的角落，右上角为资历较深的船工的角落，而右下角则为资历较浅的船工的角落。日常情况下，各成员会分散在各自的角落，或保持距离地交谈，或各自用手机进行娱乐消遣。用餐时，在起居空间正中摆上矮桌，或直接将食物摆在地板上，分散四角的成员便向桌边聚集，船主夫妻和主干家庭成员挨着坐于左侧，其余船工挨着坐于右边，形成对立的“左—右”的空间位序（图 4-14）。

4.2.2 倚水筑宅——疍家棚

疍家人倚水筑宅的历史由来已久。早在北宋时期，诗僧惠洪便曾在流放海南岛时题诗《过陵水县》:“野径如遗索，萦纡到县门。犁人趁牛日，蛋户聚渔村。篱落春潮退，桑麻晓瘴昏。题诗惊万里，折意一消魂。”但大规模棚居现象的出现，应追溯到 20 世纪 50 年代。当时，疍民被划分为汉族的一支，其社会地位得到一定程度的认可，政府方面也大力地提倡疍家人上岸居住。此外，船只的修理、节庆祭祀、渔获交易等活动都增加了疍家人上岸的频次，与陆上人的交往日益频繁起来。为适应新的时代与环境需求，疍家人选择在“离地三尺三，离水三尺三”的滨海浅滩处搭建高脚棚屋，即“疍家水棚”，尝试着向陆居过渡。

4.2.2.1 棚居空间的功能布局

疍家棚的建筑主体分为主室与前廊，并配有厨房、浴房等辅助功能空间（图 4-15）。其中，主室面宽约 6m，进深约 4m；前廊进深约 2m。前廊是日常休闲、手工作业与社交的复合空间，是最具外向性特征的空间。在前廊平台的一侧围合出的封闭空间分别用作厨房与浴房。厨房摆设简单，多在地上放置一大一小两个土灶，土灶所靠的墙面需开设洞口，有利于尽快排走烹煮产生的烟雾。另外，常在一侧靠墙设置物台，用于放置厨具、碗盆等。厨房往里走便是面积较小的浴房，两个空间之间采用弱隔离的方式进行分隔，上部空间留白，保证浴房采光的同时使得两个空间在站立姿势下的视线延伸，增大空间感。浴房的另一特殊构造是在地板上留出宽约 20cm、长约 40cm 的洞口，并在洞口四周用与人的脚掌同宽的木板限制出洞口界面，形成简易的蹲坑（图 4-15、图 4-16）。

从前廊正门进入，便是水棚的主要室内空间——主室，其内部空间存在一定的空间划分，主要分为主厅与内室。主厅是生活起居与家祭仪式的空间，为双坡屋顶空间，高度方向上，最高处约 3m，最低处约 1.8m。此外，主厅平面空间约为 3m×3m，前后开门，形成穿堂风。正对主入口的墙面往往用于悬挂神龛，作为家庭的核心精神空

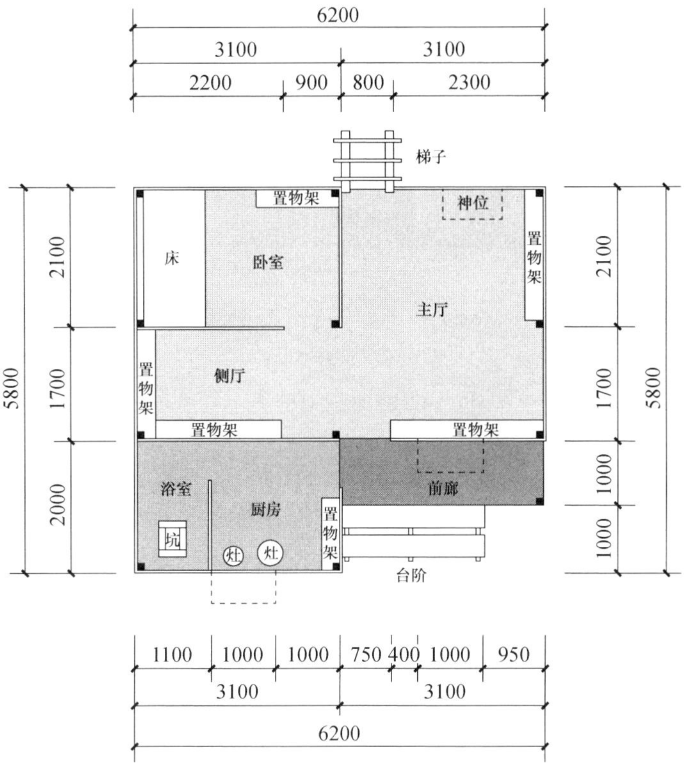

图 4-15　疍家棚平面图（来源：自绘）

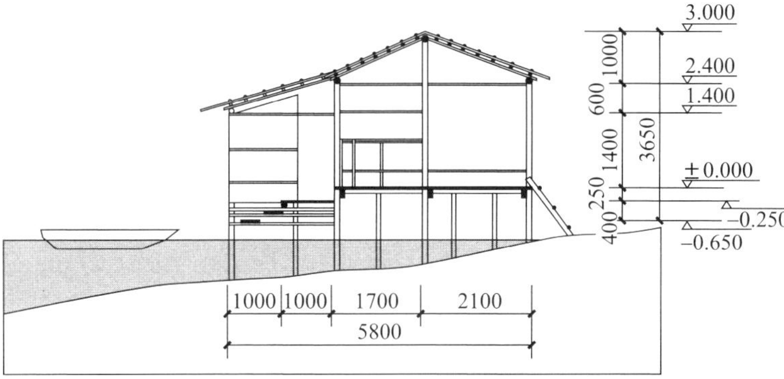

图 4-16　疍家棚剖面图（来源：自绘）

间，主导整个室内空间。主厅内不摆放固定的家具，而是充分利用四周墙面悬挂、放置物品，形成较完整的主厅空间，可容纳一定规模的各类家庭活动与社交活动。内室则是相对私密独立的卧寝空间，多在墙角摆放由木板简易搭接的床具，四周墙面设置物架或挂绳用以摆放物品与悬挂衣物，满足生活所需的收纳空间（图 4-17）。

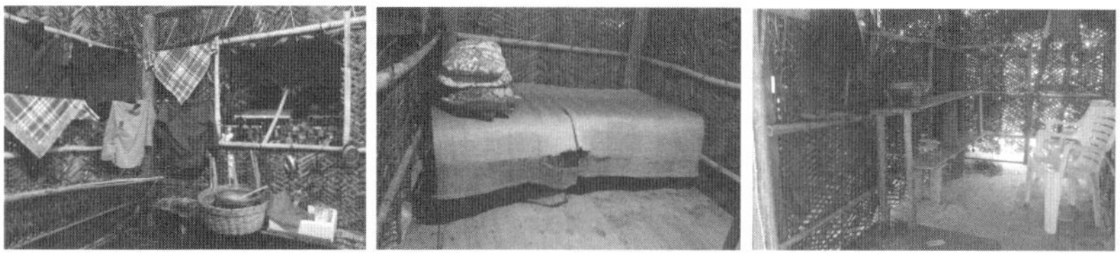

(a) 主厅　　(b) 卧室　　(c) 侧厅

(d) 厨房　　(e) 浴室　　(f) 神位

图 4-17　棚屋室内空间（来源：自摄）

4.2.2.2　棚居空间位序

当疍家人的居住空间从移动性的舟居空间转变为固定性的棚居空间时，家屋空间面积随之增大，可容纳更多的家庭成员共同居住，进而出现更多三代居的居住模式，由原本的单个“小家”扩展成多个“小家”，这些“小家”在空间的整合下，形成一个以直系血缘关系为联络的“大家”。

对应此种家庭结构，在空间层面上，不同于其他汉人社会在由“小家”扩展成“大家”的过程中着重于单体空间的数量累加，疍家人多是在同一空间内进行空间分类、置换以及细分。疍家人的棚居空间多根据空间大小或男嗣数量在主室内分隔出独立的一至两间卧室。在居住位序上，长嗣与余嗣之间存在些许差别，表现为平面空间中，长嗣多居住于靠前的房间，而余嗣则居住于靠后的房间。若房间数量有限，则当男嗣成家后，父辈需将原本的卧室腾让给子嗣，转而与其余孙辈居住于主厅中。空间使用对象的更换，标志着成年的男嗣成为新的一家之主，需承担起整个家庭主要的生活与生计。

空间位序的转换，蕴含着疍家人的“前—后”空间位序观念。其形成的缘由，是因为疍家人在以舟为室的长期空间实践中，船行进的“前方”是疍家人尤为重要的方向，需时刻保持对“前方”的关注从而获取各种信息。因而，处于“前方”的空间，则意味着一种掌控力，而拥有这种掌控力的，往往是家庭中的一家之主（图 4-18）。

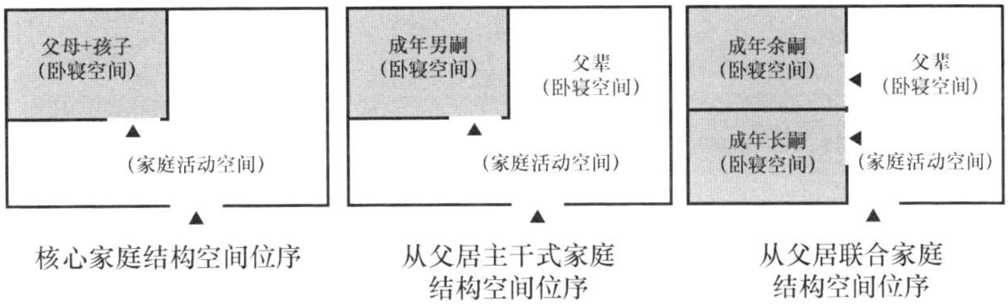

图 4-18 不同家庭结构对应下的棚居空间位序（来源：自绘）

4.2.2.3　棚居空间建造

疍家棚的建造是疍家人首次经历的房屋建造活动。由于疍家棚的形式与体量均较为简单，对于建造技术的要求也并不高，于是往往由疍家人以家庭为主体自行进行建造，“全家人一起上，十来天就能盖好”。

具体而言，疍家棚的营建主要包括择地、立基础以及围护施工三部分内容。在岸边建造房屋，最先权衡的是海水的涨落高度。疍家人往往选择离海平面 2 ～ 3m 高处架空地板，既能方便船只的通行，又能减少水环境对居住活动空间的影响。选择好了理想的建造基地，需要根据建设设想与空间布局打好水下基础。基础作为水棚空间最主要的承重结构，多选用较粗壮且耐腐蚀的木材。木材直径约为 15cm，长约 3m。立柱的过程分为放样、整地以及立桩三道工序。放样时，以绳索度量木桩之间的距离，沿面宽方向立柱 3 根，进深方向立柱 4 根，共 12 根主柱。立好柱，接着便是上底梁，分为横梁与竖梁，用铁丝、绳索、钉子等捆绑固定。搭建好水下基础之后便是立屋柱。根据空间需求，屋柱无须与基础桩一一对应，可通过适当调整，预留适应使用习惯的室内空间，并通过调整中柱与边柱的高度，确定坡屋顶的形式。在此基础上，搭建屋梁与脊梁，并架上椽条，在顶部铺设稻草，随后用渔网包住稻草，并用木条固定，确保台风天茅草不被吹走。最后，采用绑扎的方式，将编织好的椰树叶等墙体围护材料固定在棚屋四周形成外围护结构，完成棚屋的建造（图 4-19）。

图 4-19 疍家棚空间结构（来源：自摄）

4.2.3 岸上造屋——长屋

新村疍家人上岸造屋是在政府的统一筹划下进行的。长期漂浮于海上的疍家人没有土地的归属权，政府以分条田的方式给以船为单位的疍家人分配建设用地，按照当时的家庭情况，以家中的男嗣数量为标准沿着街道分配 4m×25m 的条状建设基地，如一户人家共有 3 个男嗣，则可获得约 300m^2 的地块，各家再依据自身家庭的情况进行土地分割。依据建设基地形成了窄长的居住空间，称为“长屋”。由于疍家人缺少陆居房屋建造的经验，因此在建造过程中往往受到多方面因素的限制，多是模仿当地陆上的房屋进行建造。如今，为满足现代居住需求，疍家人多拆除掉早年的“长屋”而盖起了现代的楼房，由于基地的限制，空间模式基本被沿用了下来。

4.2.3.1 长屋空间布局

疍家人的陆居长屋的空间布局存在前后空间关系与上下空间关系之分。前后空间关系指长屋主要空间由前廊、中厅、后室与后院组成（图 4-20）。其中，前廊空间是疍家人与外人交往的空间，中厅则为主要起居空间，为家庭成员的主要活动区域。后室为卧室、厨房以及浴室等，后院是由于建设基地过长而预留的空间，用作采光与室外辅助空间。疍家人的长屋空间具有由前至后空间逐渐内化的特点。沿着窄长的建设基地布局，疍家人的长屋根据空间需求可不断向后加建建筑物，分成多个单体在不同时期独立进行建造。面向街巷的单体是对外展示的重要界面，多建造成二层空间，施以较复杂的装饰，使得外界面比例较为适中（图 4-21）。越向后的单体则需考虑采光问题，往往只建成单层，并在屋顶开设天窗采光。

长屋空间中，前廊空间是室内外空间的过渡，是疍家人重要的邻里交往空间。在前廊空间中，多设有临时或固定的椅子，营造邻里聚谈的场所。而向内，是疍家人的居家空间，更具私密性。室内大门往往设在正中，门的两侧各开一扇窗，在结构合理的前提下，充分利用采光面大开窗保证室内的采光。正对着大门的墙面，往往用于放置神龛以及木柜。木柜为嵌入式，多用于放置电视以及较为贵重的物品，用作家庭财力与实力的展示面。大门打开后，可直接为街道上的行人所看见，起到展示的效果。木柜多由专门的工匠打造，因而在房屋建造时，需预留出嵌入木柜的空间。此外，中厅内还摆放有沙发、床、冰柜以及茶几等，均沿着墙面布置，预留出中部的活动空

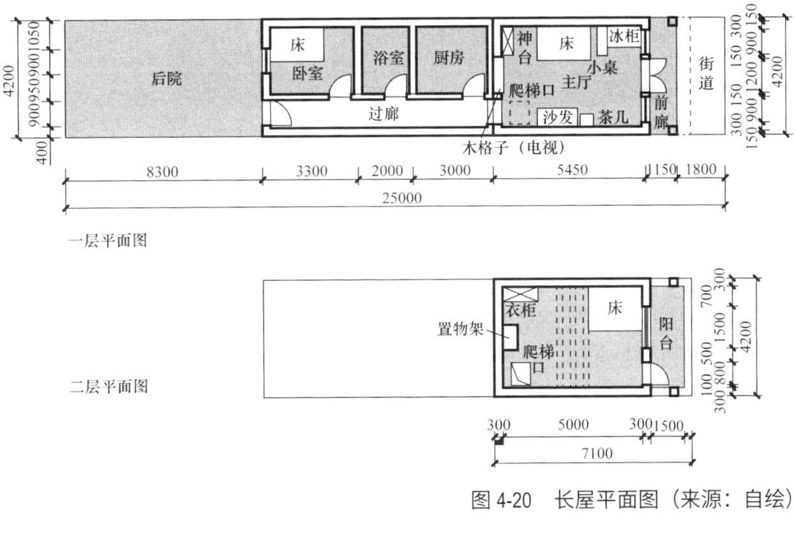

图 4-20　长屋平面图（来源：自绘）

图 4-21　长屋立面图（来源：自绘）

间。而后室空间则由过廊连接，不同功能空间对应着独立的空间。通过过廊沿纵深方向联系其前廊与后院，形成屋内的空气流通通道（图 4-22）。

图 4-22　中厅室内实景（来源：自摄）

在沿街的多层空间中，垂直空间的叠加使得疍家人拥有了更富足的空间，因而在空间的使用上，也逐渐将原本多重叠合的空间功能分配到不同楼层的空间中，形成上下空间关系。早期“瓦屋”通过设于中厅空间的爬梯联系上下层空间，下层空间是主要的活动空间，较为外向与动态；上层空间则较为幽暗与僻静，外人几乎不涉足，而家庭成员也较少到达，多用作储物空间以及个别家庭成员的卧寝。此外，有些家庭也会将原本放置于中厅的神龛搬至二楼，获得更独立、静谧的神圣空间。而现代“楼房”中空间的独立性更强，每个家庭成员可拥有各自独立的空间，已婚的成年子女也可与父母分别居住于同一建筑的不同楼层中（图 4-23）。

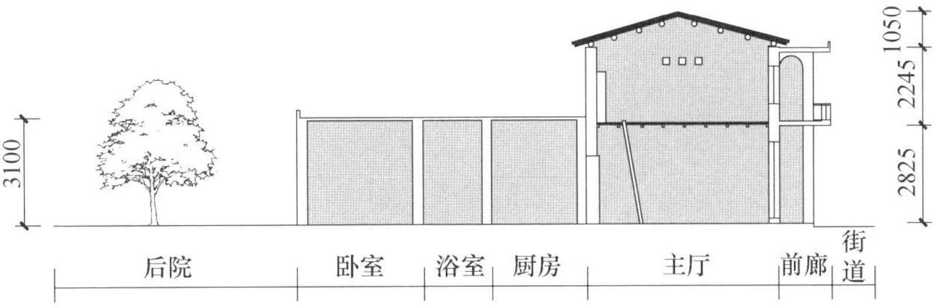

图 4-23 长屋剖面图（来源：自绘）

4.2.3.2 长屋空间位序

长屋空间的建设，使得疍家人获得了垂直方向上的空间扩展，顺应空间特征，形成了疍家人“上—下”的空间位序观念。一般而言，越低层的空间位序越高。父辈居住于首层或二层，长嗣与余嗣的居住空间依次向上分布。“上—下”空间位序观念的形成，与家屋的神圣物相关。神灵与家先祭祀的空间往往位于首层正厅，是一个家庭中最核心的空间。家庭中越有资历的家庭成员需要承担越多的祭仪活动，因此，在空间位置上需更靠近家屋的神圣物。另外，从某种意义上也意味着家庭主干能获得神灵和家先最多的庇护，从而保证家庭的平安兴旺（图 4-24）。

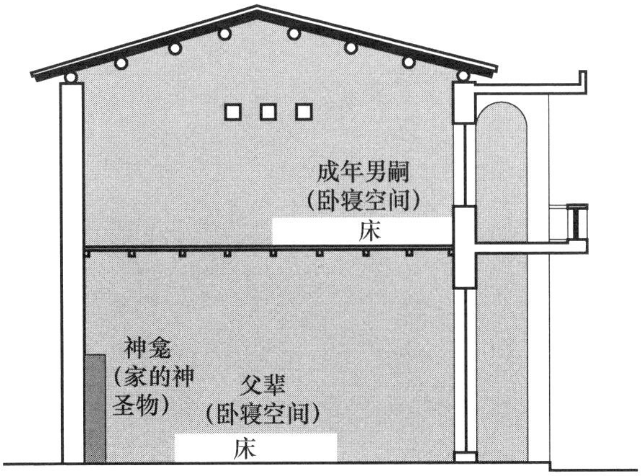

图 4-24　长屋空间位序（来源：自绘）

4.2.4 水上浮屋——渔排

20 世纪 80 年代，随着香港水产公司养殖实验的成功，大部分已上岸居住、从事传统的捕捞作业的疍家人逐渐加入到养殖的行列中。为方便养殖生产，上岸后的疍家人又陆续迁回水上居住，一时之间建造了以网箱和浮屋组成的“渔排”，每家每户的“渔排”相互连接，规模达到数百个之多，聚集了超过千人的居住人口，在海湾间建构了以生产为驱动力的水上聚落，新型的水上居住模式因而兴起，新村疍家人重新拥有了固定的水上居所。

4.2.4.1 水上渔排的空间布局

一个渔排为一个家庭的居住单元，主要被划分为生活区与养殖区。其中，生活区约占 1/3 的面积，而养殖区则占据了更大的空间面积，体现了产居结合的水上居住特点。在生活区中，根据木屋、辅助空间的空间位置关系进一步划分出前庭与后院，由内至外建构水上生活的空间图景，并通过外延的空间，搭建起与邻里关系的紧密联系，大大提高了疍家人对外部空间利用的自主性（图 4-25）。

“渔排”上主要承载生活起居功能的是木屋。木屋在渔排空间位置上或居中，或偏向后方。一方面需尽量留出前庭空间与四周的外部

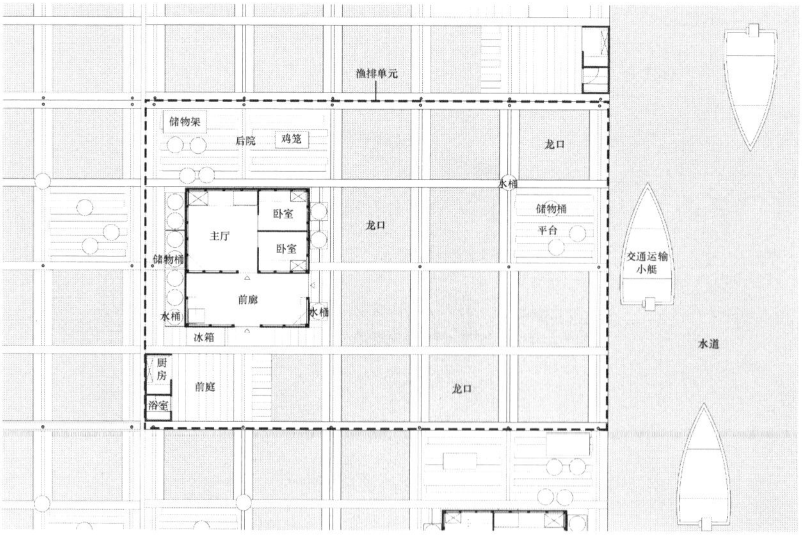

图 4-25 渔排单元空间示意（来源：自绘）

空间，用以安排其他辅助空间。另一方面，还需考虑相邻“渔排”木屋的空间位置，保证尽量不遮挡其前庭空间视线。此外，错落的木屋使得屋前屋后留出气体流通的通道，形成“渔排”微气候。在造型与结构的考虑上，木屋建筑整体架空约 50cm 以区隔水面，其面宽为 3 ～ 4.5m，进深为 4.5 ～ 6.5m。此外，木屋采用双坡屋顶，以木结构框架为主，木材尺寸小，用料少；围护结构则使用薄薄的防腐蚀合金材料围合，材料的使用减轻了房屋的自重，形成漂浮的轻盈感（图 4-26、图 4-27）。

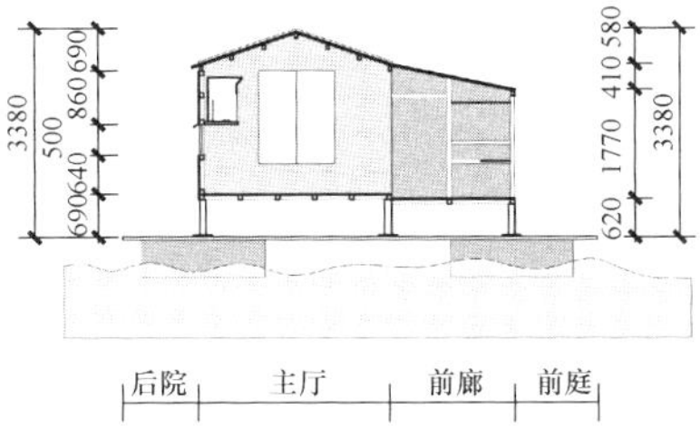

图 4-26　渔排浮屋剖面图（一）
（来源：自绘）

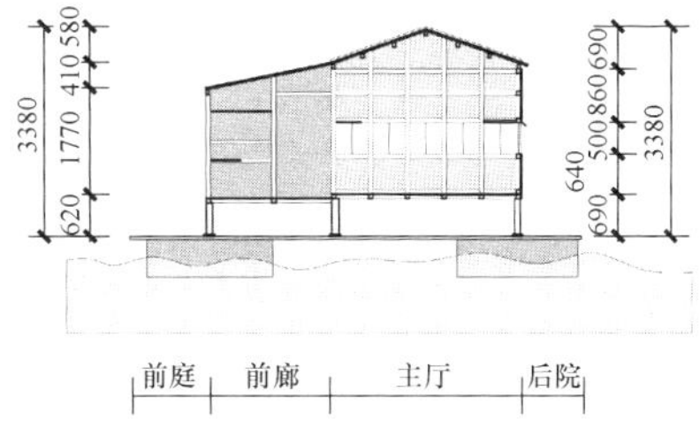

图 4-27　渔排浮屋剖面图（二）
（来源：自绘）

在空间布局上，木屋建筑空间主要分为前廊与主室，前廊空间一面与主室相连，三面设活动面板，日常呈开敞状，应对海岛炎热的天气，加强通风散热。当遇到台风或暴雨天气时，则移动面板将前廊空间封闭，可有效抵御风暴。此外，前廊空间还常与煮食空间结合，是疍家人家庭生活与社会交往的积极空间。笔者在渔排上进行考察时，在渔排上居住了 40 多年的郭伯伯便是在前廊空间接待了我们考察的一行人，在我们交谈的同时，郭伯伯的妻子蹲坐在一旁烹煮午饭。此种内向的煮食活动与外向的交往空间的并置是舟居时期延续下来的空间利用方式，多重叠合的空间模式并不随着居住空间的扩大发生根本性转变，进而内化成疍家人空间利用的“惯习”（图 4-28、图 4-29）。

与前廊不同，主室是相对封闭的空间。主室地面略高于前廊，通过地面高差处理，空间的内向性提高。主室根据大小与不同家庭的空间需求存在多种划分方式。当主室面积较大、家庭人口较多的时候，

将主室左右划分为主厅与侧室。当主室面积较小时，主室则多被前后

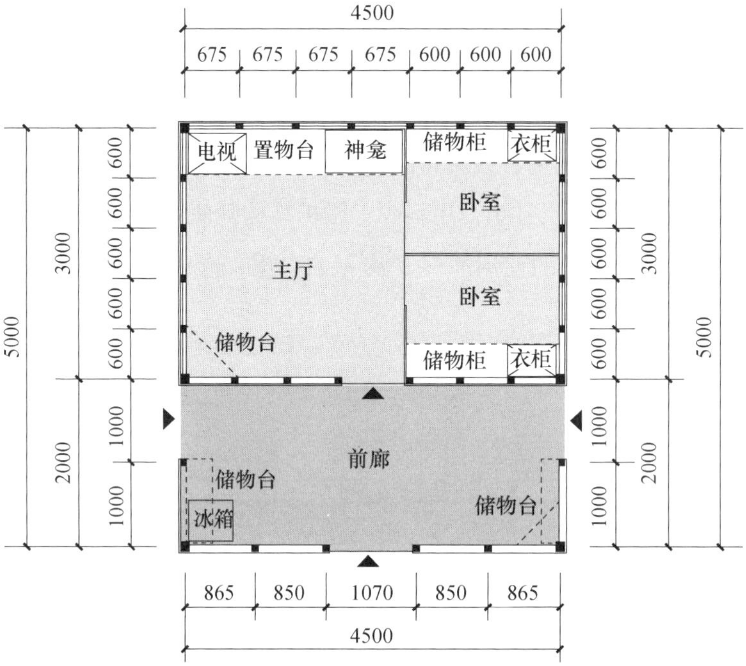

图 4-28　渔排浮屋平面图（来源：自绘）

划分为两个空间，即前厅与后室。其中，厅为主要的起居空间。厅内正对着入口的墙面摆放神龛与电视机，整个空间内较少摆放固定家具，坐卧均是席地而为，物品多以悬挂的方式固定在墙面上。一方

图 4-29　渔排浮屋实景（来源：自摄）

面可预留出更宽阔的活动空间，另一方面可减少因“渔排”晃动导致物品倾倒的可能性。侧室与后室则用作寝居空间，较主厅或前厅的地面抬高 30 ～ 50cm，是更为封闭与独立的空间。此外，室内多利用抬升空间与侧墙上部空间形成衣物储存空间。沿着主室的四周，在与人体坐姿视线平齐，约距室内地面 50cm 处开设了长条开口，为室内主要的采光通风口，平时也多呈开敞状态，以保证良好的室内通风，遇风雨则封闭（图 4-30）。

（a）渔排主厅　　（b）前廊　　（c）卧室

图 4-30　渔排室内空间（来源：自摄）

“渔排”上的其他辅助空间主要为厨房与浴房。其中，厨房空间或与前廊结合，或独立设置，多与木屋围合出前庭空间。与前廊结合的厨房空间多在前廊一侧，占据较小的空间，烹煮用具直接放置在地上，或放于置物柜内。取用之后往往需放归原处，以保证空间的整洁。用餐时，可直接在前廊席地而食，或是一家人围坐在前庭空间享用。而独立设置的厨房，面积往往较小，进深约 1m，面宽则多根据实际空间需求设置，刚好可容纳疍家人或蹲坐或站立的炊煮活动。厨房的建设材料多为木材，根据不同的烹煮方式在不同的高度设置置物板，形成一体化的设计，不多摆放其他成品家具（图 4-31、图 4-32）。

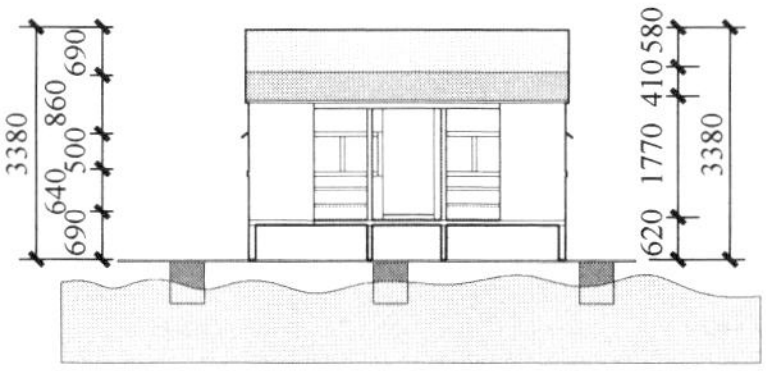

图 4-31　渔排浮屋正立面图（来源：自绘）

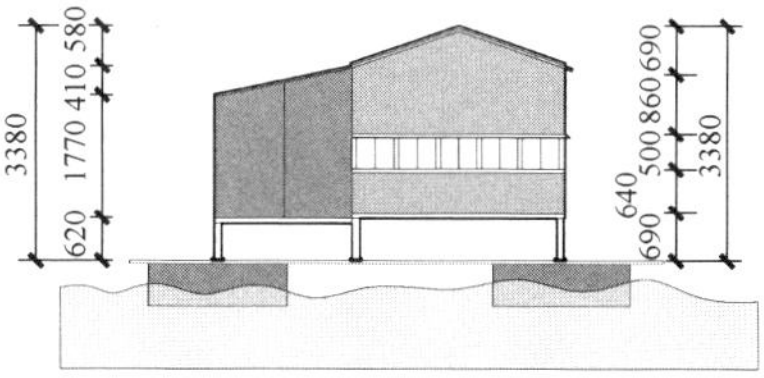

图 4-32　渔排浮屋侧立面图（来源：自绘）

“渔排”上的浴房往往是独立设置的，面积约为 1m 见方，高约 1.8m，多放置在前庭或后院的一角。浴房的使用与隐私需求相关，使用对象多为女性，男性则多在前庭处进行简单的冲洗沐浴。此外，浴房的独特设计在于其地板常常被分为三部分，中间的部分直接被掏空，下面便是水面。此种设计是疍家人为满足排泄需求的环境适应性设计。另外，掏空地板的做法实际上存在明显的安全隐患，使用过程中稍不注意便会一脚踩空。因此，现代的浴房出于安全性与美观性的考虑会加装蹲坑，但排泄物仍是直接排入海中，造成了一定程度的环境污染。

“渔排”上主要的外部空间为由木板铺设而成的平台，主屋前的平台是疍家人的水上前庭，主屋后的平台是疍家人的水上后院，分别承载不同功能的活动。其中，前庭根据是否需要脱鞋进入分为内前庭与外前庭。内前庭是主屋空间的外在延伸，往往将原本设置于前廊的煮食空间安排于此，用于铺设平台的木板需上油漆，保持干净，因而需脱鞋进入，且多采用与室内相同的蹲坐姿势进行各种活动。外前庭则无须拖鞋进入，铺设平台的木板也无须上油漆。后院的面积较小，木板不做额外的防腐处理，多承载室外储物、家禽养殖、洗浴等功能（图 4-33）。

(a) 前庭

(b) 厨房

(c) 衣物晾晒

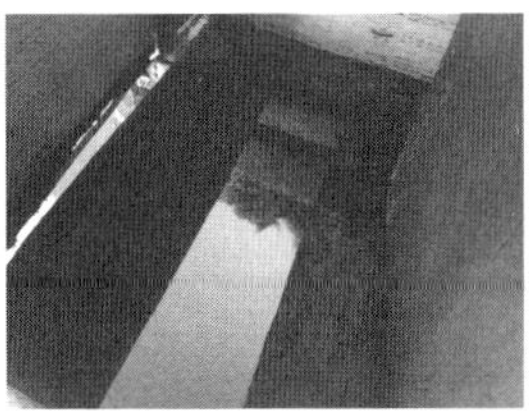
(d) 浴室

(e) 储物桶

(f) 遮阳棚

图 4-33　渔排室外空间（来源：自摄）

4.2.4.2 水上渔排的建造

水上渔排的建造场所根据渔排构造的特殊性分为陆上与水上两部分。水上渔排主要由网箱和木屋组成，因此，主要的建造活动主要围绕这两部分展开。一般而言，水上渔排的建造主要有网箱搭接、网箱固定、木屋建造、遮阳棚搭建四个步骤，每个步骤下，又对应若干施工工序（图 4-34）。

网箱搭接阶段分为木板拼接、浮块固定两道主要工序。首先，网箱搭接过程主要是在陆上较为宽阔的场地进行的。采用垂直累交的方式，将购置好的固定尺寸的木板拼成棋盘状，顺水流方向的木板在下，垂直水流方向的木板在上，木板交接处用螺丝固定。其次，为防止泡沫浮块被海水腐蚀，在固定前先用黑色防水塑料布将泡沫浮块四周包裹。随后，在拼接好的木格子端头和木板交接处，采用缠绕捆绑的形式，将长约 2m、宽约 0.5m、高约 0.7m 的泡沫浮块固定。网箱搭接完成后，此时多通过船只拖曳的方式，将搭接好的网箱从陆上转移到水上相应的建设基地，保证下一步施工工序的进行。

网箱的固定方式主要分为水下的“锚固”与水上的“邻接”。其中，水下锚固的方式为，在渔排四角与四边的中心绑上粗大的缆绳，缆绳另一端则绑上沉重的船锚，然后需要潜入水底将船锚埋于沙底较深处，确保网箱的稳固。之后，在自家网箱与别家网箱的交界处，用木板将其固定，相互借力，形成更大更稳固的网箱组团，减少水流对网箱稳定性的影响。

固定好网箱后，便打好了水上渔排的根基，接着进入木屋建造阶段。屋主首先需根据基地的环境确定木屋的位置，之后在渔排上通过搭地梁、立柱、设龙骨、架梁、做屋架、贴墙皮、铺地板、安门窗、刷桐油的步骤，完成简单的木屋搭建。其他辅助空间的建构更为简单，多用木板拼接围合成小型的封闭空间即可。

待木屋和其他辅助空间搭建完毕，水上渔排空间便具备了生产生活的基本条件。为了适应海南岛的气候条件与满足渔业养殖的光照需求，疍家人往往会加建遮阳棚，营造水上渔排的微气候环境。遮阳棚由两部分组成——立杆与遮阳篷布，选用的皆是防海水腐蚀的材料。立杆多位于网箱木板的交接处，采用圆形的不锈钢柱础，用螺丝固定在木板上，柱础放上圆木立杆，在立杆四角系上篷布，便形成了遮阳顶棚。

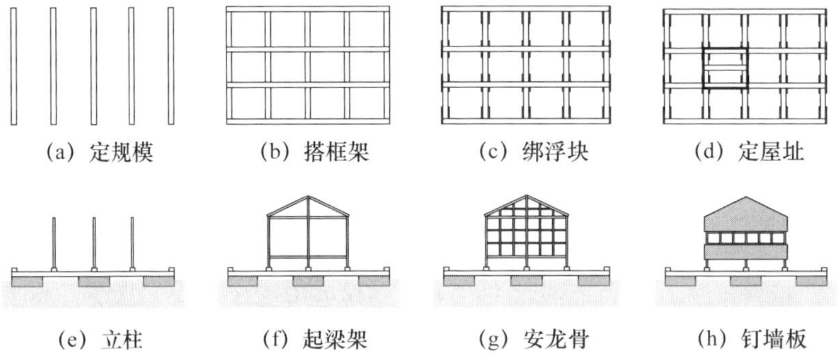

图 4-34　渔排建造工序（来源：自绘）

4.3　家族单元

4.3.1　舟居模式下的家族单元

4.3.1.1　空间关系

传统舟居时期，由于空间的限制，一个家庭中，成年后的儿子往往需另造新船，娶妻生子，而成年的女儿则会嫁到另一艘船上，各自形成新的核心家庭。借鉴“本家”与“分家”的概念，将父辈的船屋称作“母船”，与之对应，儿孙辈的船屋称作“子船”。在此种家庭模式下，随着生产资料的划分与家庭事务的独立，对应三个阶段，“子船”与“母船”间存在三种不同的空间关系（图 4-35）。

1. 第一阶段：“子船”依托“母船”型

刚分家时，疍民家庭往往只分家不分业，“母船”仍保留主要的生产、生活与祭祀功能，“子船”则是由于人口增多扩展而来，并起到辅助生产的作用。“子船”与“母船”关系紧密，常并行出航且紧邻彼此停泊于港湾中，其舟居空间关系为“子船”依托“母船”型。

此外，当家中男丁较多而增设了多艘“子船”时，依据长幼秩序，长兄的船屋在空间位置上常离“母船”最近，且居于较中间的位置，而其他兄弟的船屋则依次排布于两侧，形成船屋组团的边界。此时期家庭成员船屋空间关系的形成，主要受多方面的影响：生产方面，渔业捕捞是以经验为主的重劳力生计活动，家庭成员作为主力参与到生产活动中以保证渔业的产出，经验还未成熟的子辈也仍可继续向父辈学习，积累捕捞经验。生活方面，刚组建的新家庭在家庭事务、社会往来、祭仪活动等很大程度上仍需父辈的帮助与指导，在水环境中，空间上临近更有利于彼此的沟通交流。心理方面，长期以“单家”漂泊于海上的疍家人四周无物以依靠，从而形成了对居住环境的不安定感，在扩展舟居单元时，会优先选择四周有所倚的空间，并且，所能倚靠的界面越多越好。

2. 第二阶段：“子船”脱离“母船”型

随着子辈对生产工具的熟悉、捕捞经验的成熟，以及处理家庭事务能力的提升，父辈会将大部分的生产资料划分给子辈，并让子辈单独供奉家先与神灵。这意味着，子辈具有了独当一面的能力。此时期的“子船”从对“母船”的依托中独立出来，可脱离以“母船”为核心形成的船屋组团，去到其他海域进行捕捞并在附近的港湾中停留，寻找新的发展机遇，父辈则利用剩余的部分生产资料在当地进行简单的生产，以维持最基本的生活需求。这一时期“子船”与“母船”的关系是相互独立的，舟居空间的关系为“子船”脱离“母船”型。

3. 第三阶段：“母船”依靠“子船”型

当父辈身体状况不足以胜任能获得经济来源的生产活动时，往往会依靠距离最近，或是经济条件较好，或是关系更为密切的任一子辈照顾，并尽自己所能做一些辅助生产与生活的工作。当多个子辈同时愿意承担照顾父辈的责任时，“母船”可游走于不同的“子船”之间，其空间位置取决于“子船”的空间分布，或聚集于一处，或分散于四处，并不固定。此时舟居空间关系是“母船”依靠“子船”型。

综上所述，为适应疍民家庭不同阶段的家庭规模与家庭关系，凭借舟居空间的移动性特点，根据家庭关系的变化，各家庭成员之间的舟居空间关系存在可变性，舟居空间经历了“定点聚集—多点分散—散点聚合”的过程。在此过程中，父系继嗣制度不仅是串联分散的各家庭成员的主脉络，反映了疍民社会并非传统汉族多代际、多支脉的宗族组织，而是少代际单支脉的家屋社会，其重在维护以父系继承为主的直系血缘亲属关系。

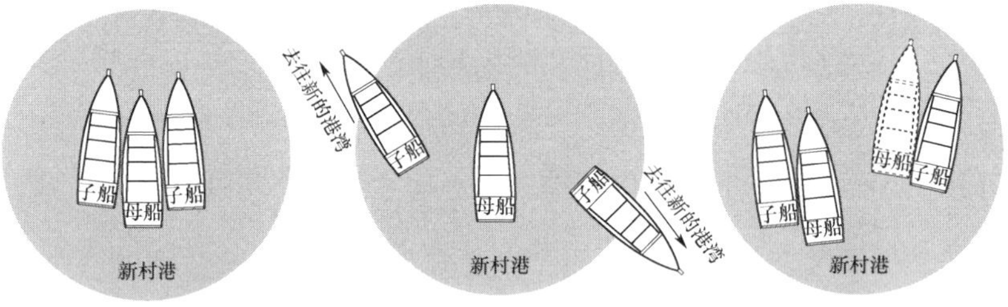

（a）子船依托母船型　　（b）子船脱离母船型　　（c）母船依靠子船型

图 4-35　舟居空间关系（来源：自绘）

4.3.1.2　空间形态

舟居模式下的家族单元，往往是多艘住家船相互并列、相互联系，以密集排布的组团空间呈现。通过船锚将船只锚定在固定的位置，停留在特定的水域空间中。为了防止船只四处漂动，还需用绳索将船只与相邻船只捆绑在一起，并在两船船头铺设木板形成交通联系，使单一的舟居空间联动形成水上居住组团，与外界隔离，内部却保持着十分紧密的联系（图 4-36）。住家船的联系为家族成员间的联系提供了便利，彼此相互依靠、相互帮扶，空间因而成为家族关系维系的重要纽带。

(a) 传统舟居家族单元（来源：自摄）　　(b) 现代舟居家族单元（来源：自摄）

图 4-36　舟居模式下的家族单元

4.3.2 棚居模式下的家族单元

疍家人在临水搭建棚屋的时候，多选择棚居模式下的家族单元，是由多个具有亲缘关系的疍家棚组合而成的。一个棚屋代表一个家庭，有序地沿着海岸线排列。搭建水棚时，为了保证棚屋空间的采光通风、隐私、安全与船只的通行等，各家约定，彼此之间左右间隔约 0.5m，前后间隔约 3m，形成了规范化的邻里空间单元（图 4-37）。

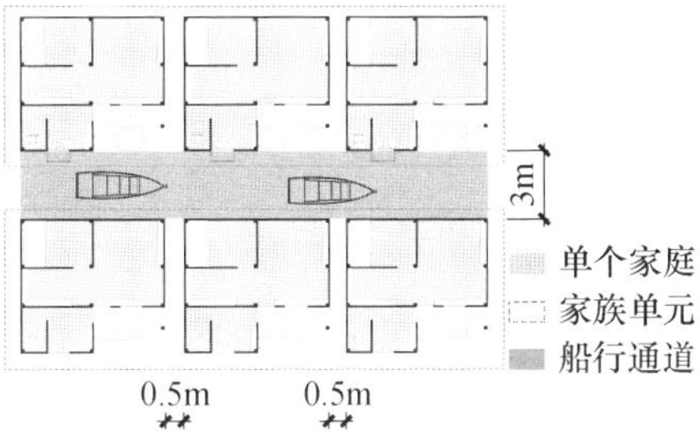

图 4-37 棚居家族单元平面示意（来源：自绘）

4.3.3 陆居模式下的家族单元

在政府的主导下，新村疍家人获得了上岸居住的机会。根据当时的政策，以具有直系血缘关系组成的大家庭为单元分配条状的宅基地，宅基地的数量与家庭中成年男嗣的数量相匹配，保证家中的兄弟均能获得相对独立的居住空间，以满足各个“分家”的居住需求。获得宅基地的疍家人在谋划房屋的建设时，往往从家族的角度出发，对宅基地进行统一的规划，而不是交由各“分家”自行处理。做法是将多个家庭的家屋空间串联起来盖成一栋独立完整的联排长屋，具有相连的屋顶，互通的连廊，内部则用隔墙区分出各家独立的家屋并具有独立的出入口。从经济层面考虑，由于宅基地面宽的限定，共用内部墙体与屋顶有利于增加室内使用面积，并节省建设材料与建设经费。形成的联排长屋中，每个家屋的空间大小大体上是一致的，与条状的宅基地呼应。靠中间的家屋由父母与长兄居住，靠外的家屋为其余子嗣居住。通过将家屋连在一起的方式，构建起家庭成员的联系，隐喻了疍家人紧密相连的血缘关系（图 4-38、图 4-39）。

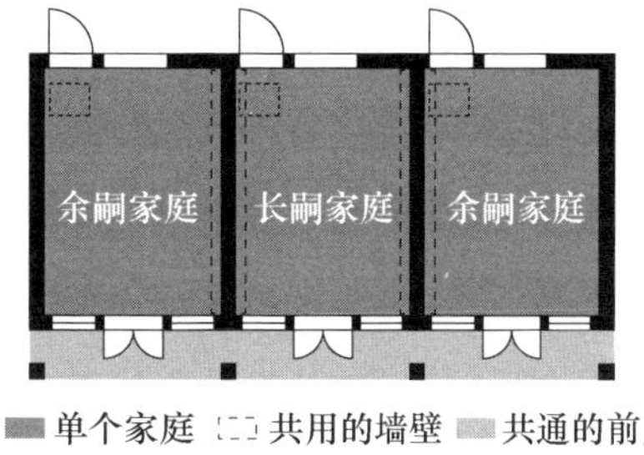

图 4-38　陆居家族单元平面示意（来源：自绘）

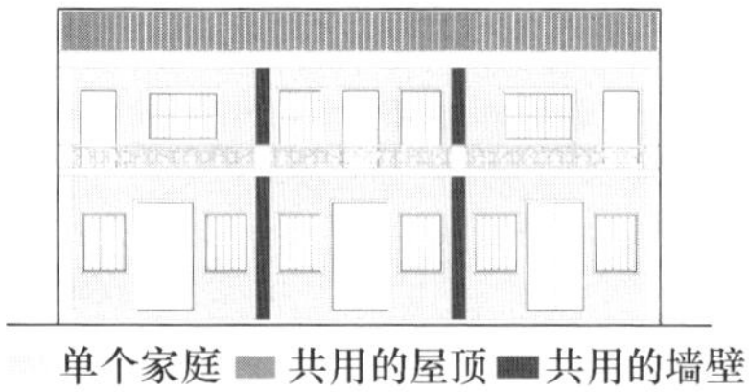

图 4-39　陆居家族单元立面示意（来源：自绘）

笔者在实地调研郭家瓦屋的过程中了解到，屋主表示他们原本想拆掉瓦屋新建楼房，但由于自家与兄父家相连，共用屋顶与隔墙，如若没有征得兄父的统一，擅自拆除的做法并不可取。此外，当家庭关系破裂或家屋转让由非亲属关系的人居住时，疍家人多通过封闭连廊的方式阻断与临近家屋的相连关系，进而增强家屋之间的区隔。如今，瓦屋不断为现代楼房所替代，现代楼房的建设模式使得家屋之间的区隔加大，反映了以父系继承为主的家屋空间关系的疏离。因而，当人的活动与物质空间相互结合运作而建构出象征空间时，疍家人的陆居空间实则是以相连的家屋隐喻了家族的一体，并借由家屋局部的接触来界定、限制及调节了家族的分合（图 4-40、图 4-41）。

4.3.4　浮居模式下的家族单元

由于水上环境的不稳定性，水上渔排往往是以家族为单位，一家一个渔排，以组团的形式进行建造的。基于血缘关系的渔排组团在空间上具有连系性的特征，各单元的连系方式相较舟居时期有了更复杂的结构，且多为网箱结构的联系。网箱之下的水下部分，以网箱四角以及四边中点为基点施以绳索锚定；水上部分，沿网箱四周边缘用短木板横跨两个网箱并以螺丝铆钉固定，构成多层级的连系结构。连系，实则意味着一种共享机制，将家屋空间的一部分与家庭成员共享的同时，形成了更多元的家族共有资源以增强家族之间的联系。此时，空间的联系也呼应着人的关系。此种共享机制一直延续则代表家族良好关系的持续。而当家族关系出现破裂时，相对应地，空间的联系也会出现转变，或是局部的破坏，或是彻底的割裂（图 4-42 至图 4-45）。

图 4-40　相连的屋顶（来源：自摄）

图 4-41　共通的前廊（来源：自摄）

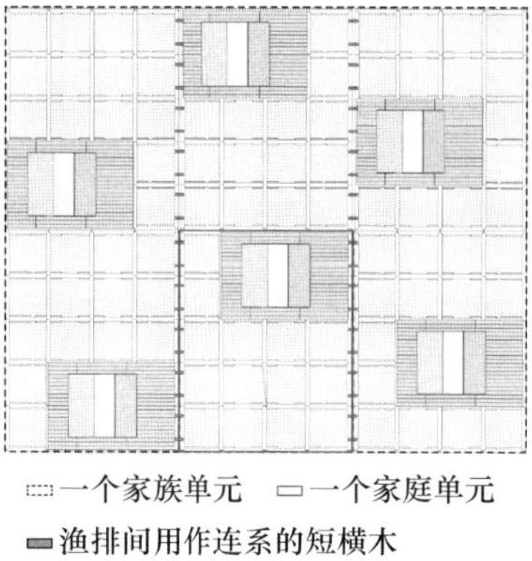

图 4-42　渔排家族单元（来源：自绘）

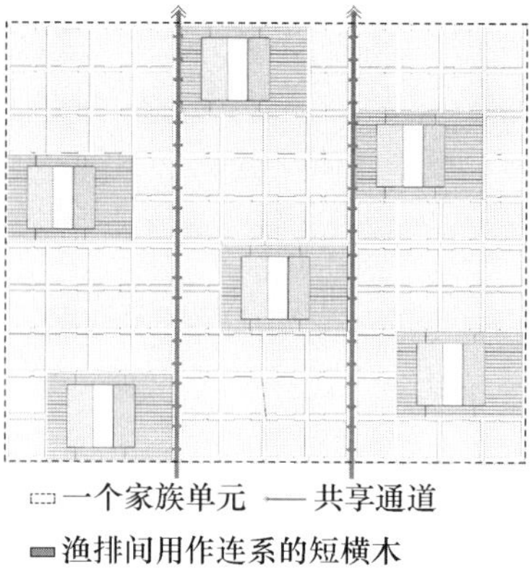

图 4-43　渔排组团共享通道（来源：自绘）

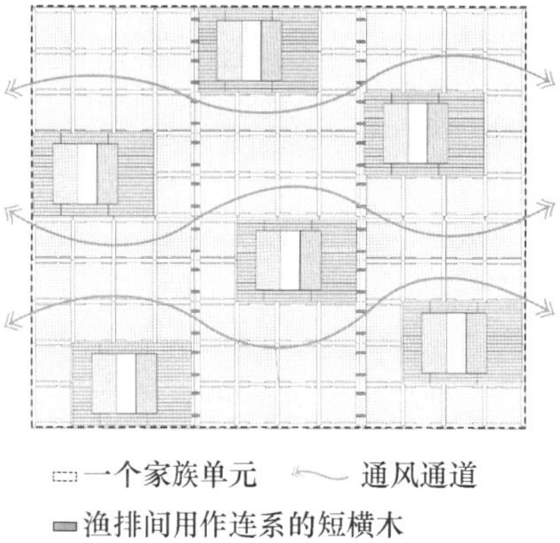

图 4-44　渔排组团通风示意（来源：自绘）

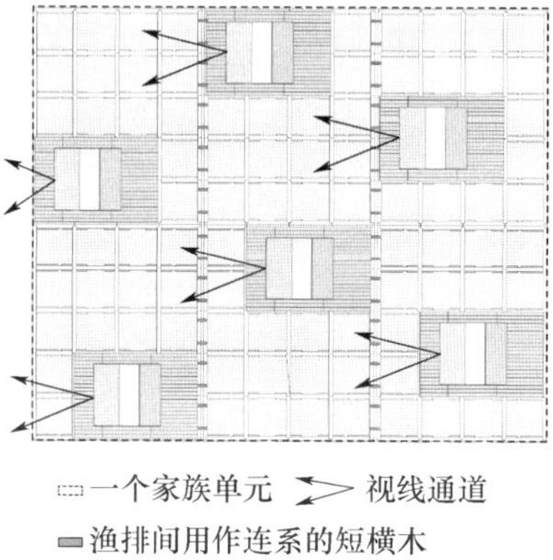

图 4-45　渔排组团视线示意（来源：自绘）

此外，在渔排上，为更好地适应居住环境，网箱上木屋的搭建位置选择需考虑前后渔排空间，避免相邻渔排木屋的前后遮挡，而往往采用间隔错位的方式，保证渔排家屋空间的使用，形成前后关系为“邻家网箱—自家前庭—自家木屋—邻家网箱”的空间序列。因此，从空中俯瞰渔排，呈现错落有致、虚实结合的空间图底关系。通过家屋空间建造过程中约定俗成的位置关系，得以进一步理解作为家族的一分子，每个疍家人无形中都受到了其他家族成员的约束，使得家屋空间的外部形态呈现出一定的规律。疍家人以遵循约定的方式，体现作为家族成员的责任的同时，也表达了对家族的认同感与归属感，是疍家人自身社会身份建构的积极做法（图 4-46、图 4-47）。

图 4-46 两家渔排间的连系（来源：自摄）

图 4-47 错落的渔排浮屋（来源：自摄）

4.4 族群组团

新村疍家聚落所在的新村镇区，是由多个族群共同聚居形成的多族群聚落。根据不同族群的发展历程、生产生活方式形成的居住组团，其具有不同的规模、空间位置以及空间形态。

4.4.1 组团位置关系

空间位置上，早期，疍家人主要沿着港湾聚居于水上，陆上人则已沿着港市，在现今的革命路、中山路的主要街区范围，形成了最早的陆上聚居地。疍家人上岸后的聚居地，与早期形成的码头具有空间对位关系，相对于陆上人的聚居地，向陆地方向扩展，以新建路为主要分隔，与陆上人的聚居地区分开，具有较明显的边界。目前，疍家人主要聚居于新建路、新港路、新品路、解放路，新光一、二、三巷等街道以及渔排上。另有一小部分疍家聚居地沿着水产路两侧分布，是最早上岸的疍家人的聚居地。他们在岸上的聚居地，被陆上居民称为“疍家村”。临高人由于较晚来到新村，又因他们生产作业的方式需离海较近，因此选择了离港市较远的东侧近海地带聚居。与陆上人的聚居地相距较近，存在清晰的边界。此外，随着镇区的发展，另有其他市民沿外海方向近海处以及疍家聚居地西侧形成了新的聚居地（图 4-48）。

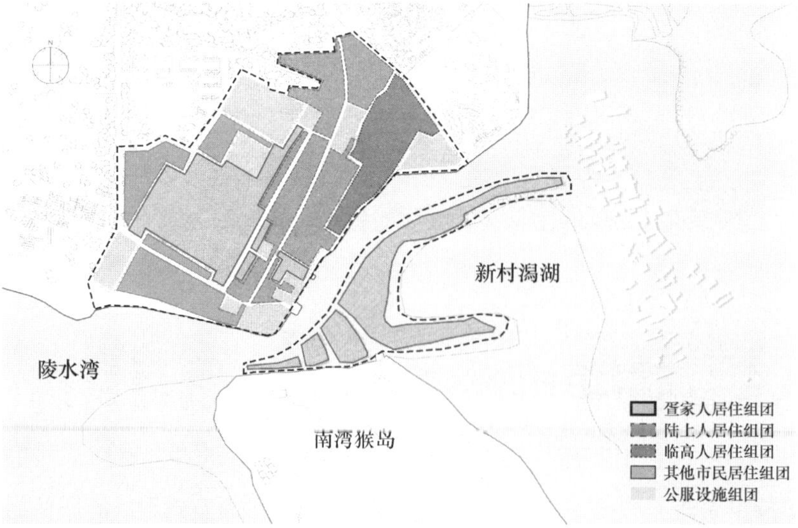

图 4-48　族群居住组团分布示意（来源：自绘）

4.4.2 组团空间形态

疍家人、陆上人、临高人的陆上聚居地组团空间形态在聚居地规模、空间布局、建筑体量等方面存在差异性分化，形成了族群聚居地不同的空间肌理。规模上，以疍家人的聚居地规模最大，其次是陆上人的聚居地，规模最小的为临高人的聚居地。空间布局上，疍家人的陆上聚居地为网格状布局，由平行港市的主要街巷与垂直港市的次要街巷交织形成大小不一的居住组团，组团内建筑紧密排列，建筑形态与规模较为统一，为长条形形态样式。此外，建筑多朝向街道开口，临街形成主要的出入口。陆上人的聚居地主要沿着中山路与革命路呈线性布局。沿中山路布局的建筑排列较为紧密，建筑体量较大，沿着革命路布局的建筑较为松散，建筑体量较小。陆上人整体的建筑形态与规模是不统一的，随着街道等级和功能的提升，建筑呈现多样化。其建筑也以临街出入口为主。临高人的聚居地表现为明显的梳式布局特征，以沿着港湾的长堤路为主轴，延伸出垂直主轴的纵向街道。建筑沿着纵轴方向排列，前后单体之间或留出间隔，形成庭院，或紧密排列。建筑形态与规模较为统一，建筑主要朝向纵巷进行开口，临海一侧的建筑则主要朝向海面进行开口（图 4-49）。

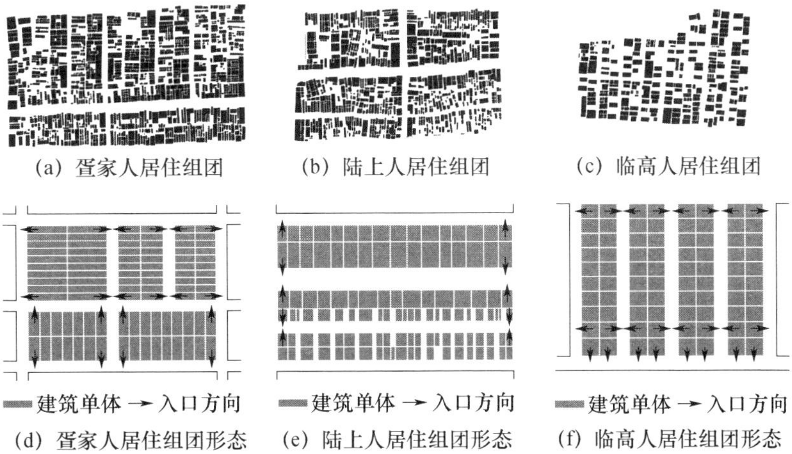

图 4-49 不同族群的居住组团（来源：自绘）

4.5 本章小结

本章首先对新村疍家人的家庭结构、家族结构、业缘关系、地缘关系进行了概述。新村疍家人以“家庭”为社会结构的基本单位，并通过血缘关系形成了以直系亲属为主要组成的家庭结构，体现出重家庭、轻家族的观念。围绕疍家人的生计产业，形成了以“渔”为主的业缘关系，在生计活动的过程中，不同的群体充当着不同的社会角色，共同推动疍家人社会关系的建立。此外，在疍家人主要聚集的新村镇区，生存着“陆上人”“临高人”族群，形成了一聚多族的现象，不同族群之间形成了稳定的地缘关系。

疍家聚落以家屋空间为基本单元，在包括家庭结构、家族结构在内的血缘关系、业缘关系、地缘关系等社会关系的联结作用下，实现了从单体空间至群落空间的扩展，形成了“家屋空间—家族单元—邻里组团—族群聚落”的居住空间层次。在不同层次的居住空间里，由于社会结构作用的方式不同而产生不同的空间形态。其中，家屋空间的形成主要受到家庭结构的影响，人口组成、家庭等级、家庭分工等在居住空间的平面布局，空间层次以及空间利用等具有明显的映射。家族单元中显示的则是具有血缘关系的多个家屋空间的联结方式，以及在弱家族观念的背景，疍家人空间处理的选择。而邻里组团则对应的是多家族、多族群聚居的情况，邻里空间关系蕴含着非血缘关系的空间互动过程中的社会交往关系（图 4-50）。

疍家人在水陆生存环境的转变之间发展出了包括舟居、棚居、陆居以及浮居在内的多种居住模式，对应的家屋空间也经历了“住家船—疍家棚—长屋—渔排—楼房”的演变。在居住环境与家庭结构的影响下，空间布局方面，疍家人的家屋空间始终保持了“前—中—后”三段式的布局模式，以单体空间作为家庭活动的主要场所。家中的主厅作为主要活动空间，呈现复合多元的功能组织。空间位序方面，简单家庭所对应的家屋空间组织较为单一，没有明显的长幼尊卑空间秩序，其家屋空间组织体现了疍家人应对特殊居住环境作出的最基本生存反映。而在复杂家庭结构中，疍家人家屋的空间实践往往蕴

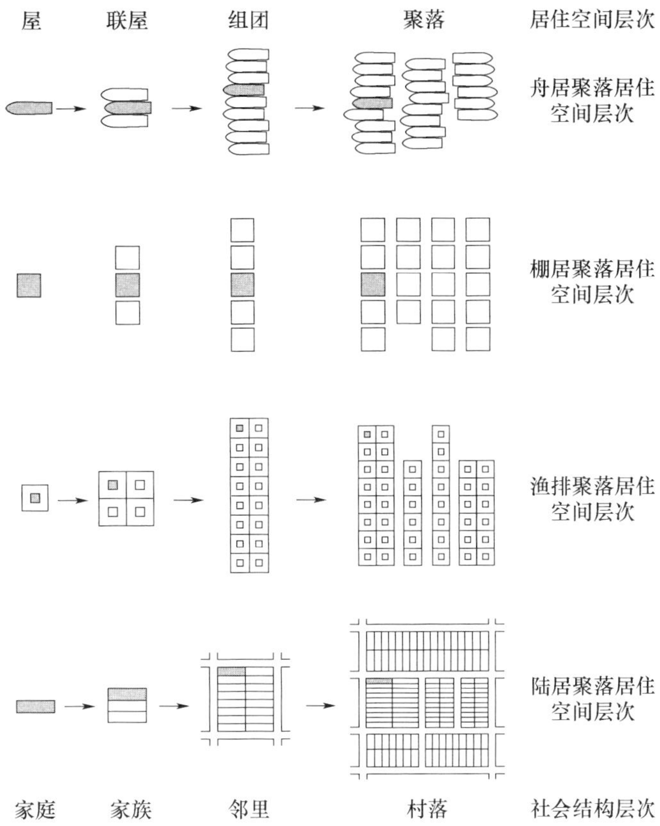

图 4-50 疍家居住空间层次示意（来源：自绘）

含着男嗣之间的家庭关系和家庭等级观念，存在前 / 后、上 / 下的空间位序的等级差别，以前部空间与上部空间作为优先位序。此外，随着家庭人口增加而需求更多家屋空间时，疍家人采取的方式是对空间做进一步的细分与置换，充分利用有限的空间。通过位序差别与空间节制手段，反映疍家人对空间的调控能力。

从家屋空间向外延伸以血缘为联系形成的家族单元，在不同的居住模式下，在空间形态与空间组织关系层面总体呈现单体复合的特点，形成由多个家屋组成的家庭单元。舟居模式下表现为住家船的分合，以船体并列形态呈现。棚居模式下表现为棚屋空间的聚集，并在家屋之间预留左右的空间间隙。陆居模式下表现为家屋之间共用墙体、共用屋顶，前廊连通，在建筑层面呈现为空间的一体化。浮居模式下表现为渔排单元的边界联系与渔排木屋的间隔错位排列。通过将家屋进行连系、聚集的方式，构建起家庭成员的联系，隐喻了疍家人紧密相连的血缘关系。

基于不同族群发展历程与生产生活方式形成的族群组团，在聚落中存在空间位置关系与组团空间形态的差异。空间位置方面，各族群组团之间的空间位置关系明确，按在陆上居住的时间顺序，陆上人优先占据沿港市靠海岸的聚居地，其次是疍家人被统一安排居住在相对陆上人向陆地延伸的空间，后来的临高人则聚居于距港市较远的临海空间。空间形态方面，疍家人的聚居地布局紧凑，为网状结构，建筑体量统一，多为长条形。陆上人的聚居地呈线性布局，沿主要道路的地块布局紧凑，远离主要街道的布局较为松散，两者的建筑体量不统一。临高人的聚居地则表现出明显的梳式布局的特点，是对原居住地空间形态的继承，建筑体量统一，近似方形。

5 受信仰文化影响的聚落仪式空间

人们长期在自然环境以及社会制度的影响下衍生出的神灵崇拜观念、特殊惯习以及仪式制度等融合成了信仰的内涵，是精神世界的重要组成部分。与信仰文化相对应的仪式行为表达了社会的集体意识，伴随着一定的理想诉求和现实需要[117]，渗透在人们的日常生活、社会生活与精神生活中，在神圣与礼俗之间转换，物化在聚落中，形成了多样繁复的仪式空间[118]。本章通过分析新村疍家人的信仰文化及其所包含的仪礼活动，阐释与其对应的仪式空间的类型与形态特征（图 5-1）。

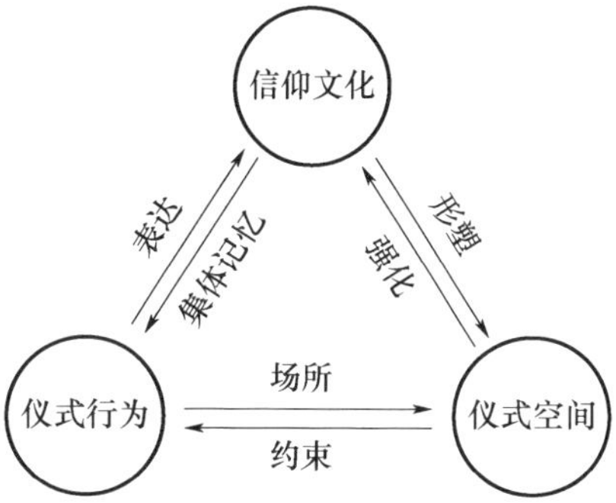

图 5-1　信仰、仪式与空间的关系（来源：自绘）

5.1 新村疍家人的信仰文化

5.1.1 家先信仰

家先信仰是疍家人信仰体系的重要组成部分，反映着疍家人的

[117] 冯江 . 祖先之翼 明清广州府的开垦、聚族而居与宗族祠堂的衍变 [M]. 北京：中国建筑工业出版社，2016.

[118] 林志森，张玉坤 . 基于社区再造的仪式空间研究 [J]. 建筑学报，2011（02）：1-4.

灵魂观念。疍家人的家先信仰与汉族社会普遍意义上的祖先崇拜并不完全相同，是以家庭为单位的信仰模式。他们认为，祖先死后的灵魂会守在家里成为“家先”，家先意指家庭的祖先，是家庭内已过世的父系三代祖先[119]，决定着子孙的人生祸福，因而每个疍家人家中都供奉着祖先牌位，将其摆放在精致的木格子中，并摆上水果、香炉（图 5-2）。

图 5-2　家先牌位（来源：自摄）

疍家人家先祭祀的周期以日、月、年为基本单位。平时每日早晚均会上香祭拜，以表达对家先的敬重，也为每日的渔获收成与家人的平安顺遂祈福。每月的农历初一、十五，疍家人会稍微加大祭祀的力度，体现为供品数量的增多。而到了每年春节、元宵节等重要节日，全家都要参与祭拜，祭祀活动与供品数量更加丰富。另外，疍家人相信，在海上遇难的先人会变成守护疍家人的英灵，时时刻刻与他们同在。因此，在出海作业遇到危险时，疍家人会通过撒纸钱的方式祈求

[119]　赵晓梅 . 家先祭祀与空间变迁——桂北苗瑶家屋二柱象征意义的获得 [J]. 建筑学报，2020（06）：16-21.

海上先人的保佑。可见，疍家人的家先信仰是伴随着充满未知的生存环境而逐渐形成的，蕴含着以家庭为主的社会凝聚力。

5.1.2　妈祖信仰

在充满不确定性的海洋环境中，作为水上族群的疍家人，以护佑渔民的海神妈祖作为主要的信仰对象。疍家人相信，海神妈祖主管着海上生活与捕捞作业，保佑疍家人出海平安与丰收发财。适用疍民族群生存发展而衍生出的妈祖信仰蕴含着疍家人精神观念中与海洋的密切联系（图 5-3）。

图 5-3　其他神灵（来源：自摄）

新村疍家人的妈祖被称作“三江娘娘”，分别是“大婆、二婆、三婆”。其妈祖信仰的由来，是航海贸易文化与海洋移民文化传播的结果。新村港大致于宋朝成为海南岛航海贸易的中转站，随着港口贸易的不断发展，逐渐形成港市，聚集了一定规模的人口数量。为满足人们的精神信仰需求，围绕着海洋生存环境，宋朝末年，人们在行船必经的潟湖出海口海岸修建了供奉妈祖的公庙，称为“天妃庙”。清朝末年，往来新村港的船只越来越多，当地人结合港湾的地形特色将船只进入港湾，称之为“上江”；船只离开港湾，称之为“下江”；船只经过港湾，称之为“过江”，并将妈祖娘娘改称为“三江娘娘”，重建后的公庙由“天妃庙”改称为“三江庙”[120]。通过新的命名，建立起妈祖信仰与新村信众更紧密的联系，成为固定的公共祭祀场所。

基于妈祖信仰，疍家人形成了出海捕捞前后进庙祭拜的习惯。出海前的祭拜是为了祈求平安与渔获丰收；捕捞后祭拜是为了渔获满仓向三江娘娘表达感激之情或因收成不好祈求三江娘娘保佑下次捕捞丰收。除了建设公庙，疍家人的船只一般都会供奉妈祖的神像，与家先共同放置于神龛内，妈祖神像随船航行，表达了疍家人祈求妈祖保佑航行安全的实用崇拜心理。此外，疍家人的妈祖崇拜不仅体现在祭祀活动中，也寄托于咸水歌中：“妈祖庙堂好地方，渔船出入保平安。渔民丰收有歌唱，改革开放年年旺”，“水上渔歌唱妈祖，妈祖巡海传福音。水上女神驱邪恶，滔天风浪只等闲”[121]。可见，在疍家人心中，三江娘娘始终是他们最信赖、最敬仰的神灵。

5.1.3 其他鬼神信仰

疍家人的信仰里还包括海龙王、哪吒、金吒、木吒等神灵。在疍家人看来，这些神灵帮助他们解答关于生老病死的种种困惑（图5-3）。当疍家人遭遇不幸、捕鱼无收获时，在他们的观念意识里会认定遭到了鬼怪的侵扰。疍家人最忌惮的是水鬼。这是因为，长期生存在充满未知的海洋环境中，时常会发生落水事件致使疍家人葬身大海而变成“水鬼”。在疍家人的转世观念中，水鬼需依附于活人替身才能转世。他们认为在海上遭遇不幸的疍家人是做了水鬼的替身[122]。

传统时期，面对各种未知的鬼怪，疍家人大多凭借巫术力量，采取“做法”等手段驱除鬼怪与霉运，从而造成疍家人集体迷信的现象。作为人神之媒的道公、巫师、巫婆在疍家人生活的大小事件中均发挥了很大的作用，巫术活动时有发生。随着科学技术常识的普及，

---

[120] 陵水黎族自治县新村镇委镇政府．新村镇志 [M]. 海口：海南新闻出版局，1993.

[121] 申素样．海南疍民咸水歌中的海神崇拜 [J]. 南海学刊，2020，6（04）：108-118.

[122] 管玉梅．论海南疍家文化 [J]. 中外企业家，2017（10）：184-186.

疍家人对自然不可抗力的理解加深，迷信观念得到改善。巫术活动与巫师群体逐渐淡出疍家人的生活。

5.2 家祭空间——厅

家先祭祀仪式表达和强化了家先信仰观念，疍家人通过参与到祭祀活动中，凭借身体实操而形成对家庭意识形态的认知，并在与家先的情感互动中产生对家庭的强烈归属感与认同感[123]。家，对于疍家人而言，既是家庭成员生活起居的场所，也是举行特定祭祀仪礼的场所。在疍家人的家屋空间中，厅作为主要的家庭公共活动空间，承载了主要的祭祀活动。疍家人以牌位作为家先的象征物，供奉在规模不大的神龛中，并摆放在厅中的特定位置而形成家先祭祀的神圣空间，在空间中实现世俗与神圣的共融[124]。

5.2.1 祭祀方向与神位布局

疍家人家先祭祀的方向以纵向祭祀为主，受传统舟居模式的影响，是适应舟居空间特征的结果。纵向祭祀主导下的空间特点表现为沿着空间进深方向形成家先祭仪活动的场所，与人在空间中的主要活动流线相重合，易于形成以大门和神龛为联系的轴线序列空间。对应疍家人不同模式的居住空间，形成居中的轴线空间以及偏心的轴线空间两种主要的空间布局（图 5-4）。

[123] 冯江．祖先之翼——明清广州府的开垦、聚族而居与宗族祠堂的衍变 [M]. 北京：中国建筑工业出版社，2016.

[124] 文忠祥．神圣建构与世俗秩序 [M]. 北京：中国社会科学出版社，2012：149.

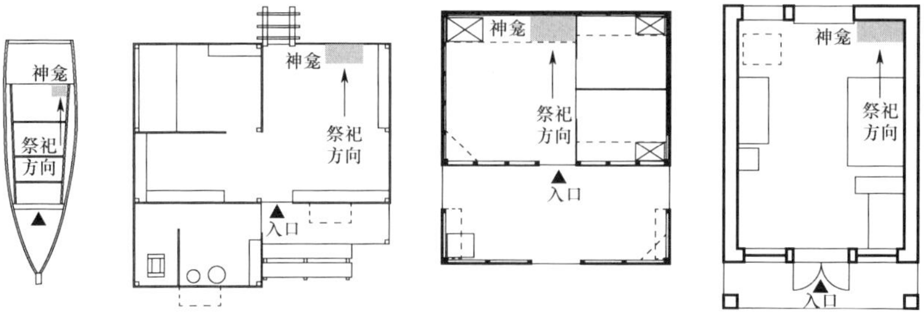

图 5-4　不同居住模式下的家祭空间示意（来源：自绘）

随着居住空间的变化，家先神位布局的方式与空间也进行了相应的调整。传统舟居空间中，结合舟居空间布局，神位一般处于驾驶舱的右侧，或直接摆放于船舱甲板上，或结合顶棚构造将神龛悬挂于棚下。此种落地与悬挂的神位布局方式，为疍家人沿用至今。到了棚居时代，为避免神龛受湿气影响，多采用悬挂的方式，将神位悬挂于入室开口正对的墙面上，形成厅内空间的神圣位序。陆居空间阶段，则采用落地神台的方式，将神位摆放于首层空间大门正对的墙面前。当首层空间过于拥堵或用作其他功能时，则将神位挪至二层空间，始终保持着纵向祭祀的方向。渔排上，根据厅内空间的大小，可采用落地式或悬挂式的神龛布局方式，多布局于厅内（图 5-5）。

(a) 舟居空间中的神龛　(b) 棚屋空间中的神龛　(c) 渔排空间中的神龛

图 5-5　不同居住模式下的神龛［来源：(a) 智渔；(b) (c) 自摄］

5.2.2　祭祀活动与空间组织

疍家人的祭祖活动分为日常的早晚祭拜、每年重大节庆的祭拜以及不定时的婚丧祭拜。对应不同时节、不同事件的祭拜活动，仪式空间的组织存在一定差异性。

日常祭拜中，涉及的仪式活动便是上香和祷告，其可视作与家先的日常交流，往往由某一家庭成员执行即可，因而所形成的仪式空间较为简单，由神龛与神龛前可容单人活动的空间组成。每年的春节、元宵节、鬼节等疍家人看重的传统节日，是一年之中以家庭为单位厚馈家先的时刻。全家人均需参与到祭祀的准备活动和家先祭拜的环节中。随着供品内容的增多与参与祭拜人数的增加，仪式活动的空间需求有所增大。做法是在神龛前设临时摆放供品的桌子，沿祭祀方向预留出供主要家庭成员进行祭拜仪式活动的空间，强化家庭与家先的情感联系，营造一种人神共聚的氛围。此外，有婚丧仪式时，仪式空间则转变为家族的祭祀空间，在家先与家族的见证下，完成生命的重要仪式。此时，疍家人往往会将厅内空间完全转换成仪式场景，以提供足够的空间，承载婚丧复杂的仪式流程与满足多人员聚集的空间需求（图 5-6）。

可以看出，适应祭祀活动，疍家人通过空间的重新组织去满足仪式空间需求，其中，所维系的是家先与个人、家庭以及家族的联系。疍家人的家祭仪式被保留下来，代代相传，已成为按每日、每月、每年发生的一种周期性祭祀活动。仪式过程中，疍家人的身体操演实则是一种身体实践，通过身体操演的感知而加强文化主体的道德认知，从而转化为人们期望的生活秩序规程 [125]。

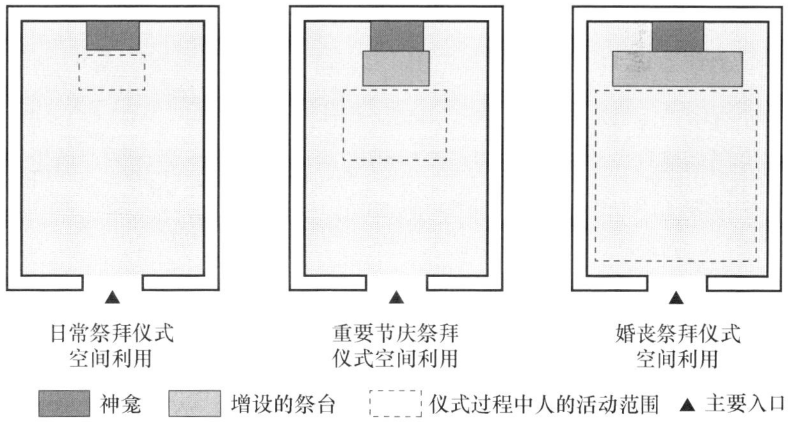

图 5-6　家祭空间利用示意（来源：自绘）

[125]　薛艺兵 . 对仪式现象的人类学解释（上）[J]. 广西民族研究，2003（02）：26-33.

5.3 庙宇空间——三江庙

庙宇空间为聚落中重要的点状仪式空间，是供奉特定神灵的场所，在此往复上演着程式化的祭祀仪式，具有周期性的特点[126]。新村区域范围内仅有一座庙宇空间，即三江庙。庙里供奉着包括妈祖娘娘与其他的神灵在内的15尊神像，对应的是围绕多神信仰的地缘型祭祀。在一定地域范围，不同族群由于信仰共同的神灵而结成祭祀圈，连接成紧密的社会关系，是聚落集体力量的外在表征，因而庙宇的选址建造、供奉的神灵以及神灵的位序都需要考虑神圣与世俗等多种因素[127]。新村疍家人通过参与庙宇空间的建设，彰显参与集体事件的积极性，在一定程度上是融入集体与展示威望的手段[128]。

三江庙作为疍家人祭拜活动主要仪式场景的固定特征要素，其形态、规模和边界为场景发生设置语境背景；空间摆设与仪式道具作为半固定特征要素，布置、使用为场景进行提供引导条件；而仪式行为是以人为主体的非固定要素，具有特定流程或轨迹的一系列仪式组合构成行为事件，为场景呈现建构叙事脉络[129]。

5.3.1 空间选址与总体布局

三江庙位于新村港潟湖出海口处，面朝大海，离水约为35m，对岸即为南湾半岛。宋朝末年，三江庙在建立之初便充分考虑了人们的祭祀习惯而将作为公共祭祀的庙宇空间选址于船只进出港湾的必经之地，方便疍家人出港、归港的祭拜（图5-7）。此外，选址于此，使得疍家人在进出港口之际，都能望见三江庙，亦可将其视作精神灯塔（图5-8）。

---

[126] 陈毅香. 民间信仰视角下的永泰庄寨仪式空间探析 [D]. 华中科技大学，2019.

[127] 郑振满，陈春声. 民间信仰与社会空间 [M]. 福州：福建人民出版社，2003.

[128] 王华. 水上社会的道德与秩序——太湖大船渔民民间宗教的历史人类学研究 [J]. 北京社会科学，2018（05）：85-94.

[129]（美）阿摩斯·拉普卜特. 文化特性与建筑设计 [M]. 北京：中国建筑工业出版社，2004.

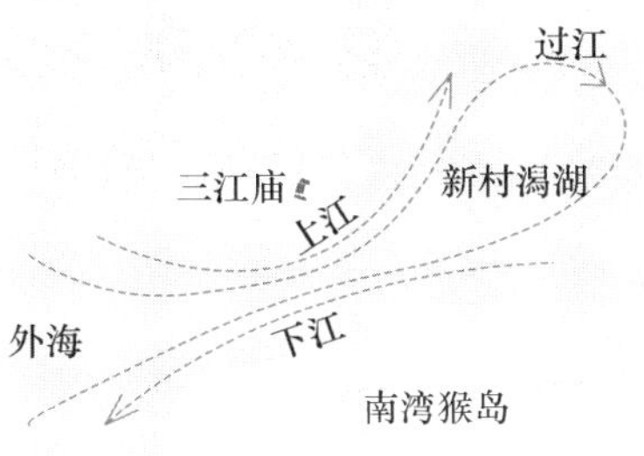

图 5-7 三江庙选址示意（来源：自绘） 图 5-8 三江庙选址实景（来源：自摄）

早期，三江庙仅由一个单体建筑组成，为简易的砖木结构。抗日战争期间，三江庙被日军炸毁，庙内神灵被转移临时安置在附近村落的庙宇中。等到抗战胜利，日军撤退，新村人着手准备重建三江庙，将庙宇改建成更坚固的钢筋水泥结构（图 5-9）。随着新村旅游业的发展，三江庙的历史价值与文化价值被挖掘，当地将三江庙打造成重要旅游节点，于 2013 年集结新村各界力量重建了三江庙，对庙宇空间的格局、形象进行了很大程度的提升，形成了如今的院落布局模式（图 5-10）。经过几次改造工程，庙宇空间从单体空间转变为院落空间，空间要素逐渐丰富，空间等级与空间序列被进一步建构，空间结构与空间造型也向着坚固美观的方向发展。三江庙的发展变化从侧面反映出新村疍家人社会经济结构的发展。

图 5-9 2000 年初的三江庙（来源：参考文献 [134]）

图 5-10　2013 年重建后的三江庙（来源：自摄）

以现今的庙宇空间为观测对象，其面朝潟湖出海口，外部空间被椰林所掩映，高度上，三江庙基址较外部空间整体抬高了近 1m，形成出海口海岸空间的制高点。内外形成了“大海—码头—庙前广场—三江庙—椰林”的景观空间格局，营造出独特的海洋信仰空间（图 5-11）。三江庙内部，其基址面宽约 27m，进深约 24m，由建筑边界与院墙围合而成近方形，占地约为 650 m²。总体布局呈现出轴线布局的特点，以“大门—庭院—主殿”为主轴形成了秩序鲜明的序列空间（图 5-12）。

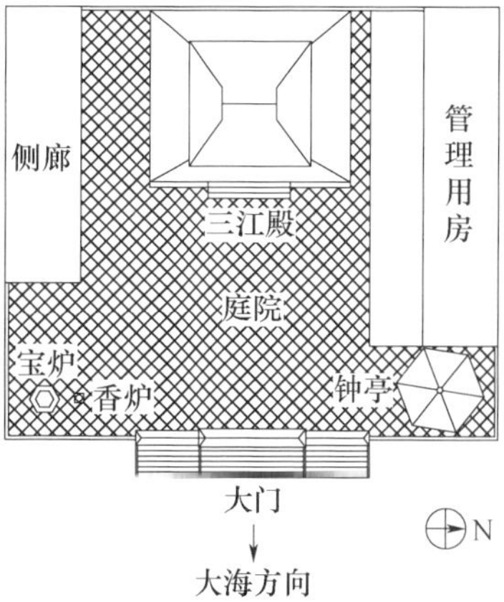

图 5-11　三江庙布局图（来源：自绘）

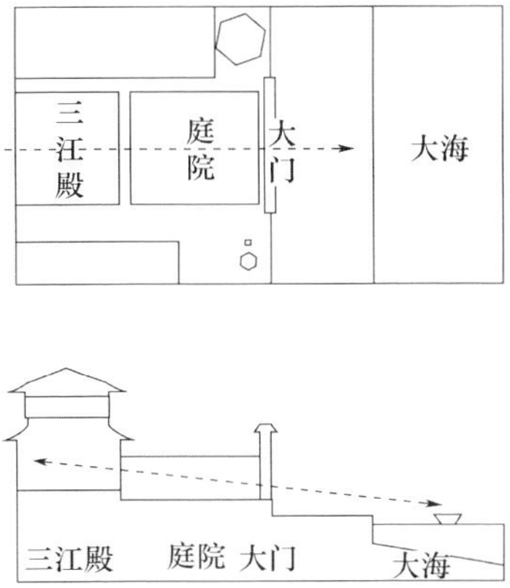

图 5-12　三江庙空间环境关系图（来源：自绘）

从大门进入后，便到达第二层级的序列空间——庭院。三江庙的庭院空间是各实体建筑空间限定出来的留白空间，形态规整。由大门与主殿限定的留白空间为庭院的核心空间，面宽约 11m，进深约 13m，上方悬挂着一条条彩旗，利用软硬界面增强空间的围合感，为主要法事活动的举办场地与信众集结的场所（图 5-13、图 5-14）。庭院内，设有钟亭与宝炉，为祭仪活动的重要空间要素。其中，庭院右侧靠近大门的一角为六边形攒尖顶结构的钟亭，边长约为 2.5m，亭高约 4m，于 2019 年建成。亭内悬挂吊钟与钟杵，由驻庙人早晚六点各击一次钟，通过撞钟的仪式活动，借助钟声营造强烈的信仰氛围（图 5-15）。与钟亭相对的庭院左侧空间，设一对宝炉与香炉。宝炉为塔型二层烧纸炉，由铜铁铸造，于 2019 年建成。宝塔前设石造的香炉，为方座圆炉，造型朴素简洁。宝炉与香炉组成了三江庙的室外祭祀场所，是疍家人祭仪活动对应的重要节点空间（图 5-16）。

图 5-13　大门（来源：自摄）

图 5-14　庭院（来源：自摄）

图 5-15　钟亭（来源：自摄）

图 5-16　宝炉（来源：自摄）

在庭院中驻足，迎面而来的是重檐的三江殿，是第三层级的序列空间，亦即中轴序列空间上的核心空间。三江殿通过抬高建筑基地的方式，增强主殿空间的主导位序，整体建筑高度约为 10m，色调以红、黄两色为主，在局部细节上使用蓝色作为点缀，与海洋要素呼应。可见，三江殿在空间位置、建筑高度与形制上统筹着整个庙宇空间，庙宇空间序列等级具有递进关系（图 5-17）。

三江殿两侧为用作神缘组织管理空间要素的驻庙人管理用房和侧廊，朝向三江殿开口。在三江庙中，驻庙人多为疍家阿婆，由多个成员组成，分成两组轮流打理庙里的事务。这是因为当地人认为他们信仰的三江娘娘是女神，由女性进行与神灵的沟通事宜才更显灵验[130]。布局方面，三江庙的右侧为驻庙人管理用房，由前廊空间与室内空间组成。前廊空间由镀锌板搭建而成，出挑约 3m，有效地遮挡了强烈的日光并提供了避雨的空间。前廊空间下，驻庙阿婆沿着墙面摆放了可坐卧的床板，以便休闲娱乐、休憩养神的同时观察进出三江庙的人员，保证三江庙的管理秩序。可见，前廊空间的设置是适应当地气候环境与庙宇管理方式的结果。前廊空间之后便为驻庙阿婆的室内空间，较为私密，外人不得随意进入，是驻庙阿婆管理庙宇期间的临时起居空间。一共分为四间用房，靠外的房间为卧寝空间，靠内的空间为厨卫空间，沿用了疍家人成条形的平面形式，并以前廊空间作为主要的空间联系。

三江殿左侧为侧廊，侧廊面宽约 15m，进深为 3.7m，侧廊两面为实体墙体，内嵌捐建庙宇的人名墙，南向的一面为三江庙捐建人名墙，西向的一面则为钟亭与宝炉捐建人名墙，分别记录着庙宇建造过程中给予资金、技术、管理等各方面支持的新村各界人士的名称。侧廊另两侧开放，与庭院空间相互渗透。侧廊空间还主要用作祭仪道具与庙宇相关用品的存放空间。物品的存放方式也较为讲究，主要是靠墙摆放，但需尽量避免遮挡人名墙（图 5-18）。

---

[130] 刘莉 . 在场：海南疍家女性的空间、身体与权力 [J]. 开放时代，2019（01）：210-221+8.

图 5-17　三江殿（来源：自摄）

图 5-18　捐建墙（来源：自摄）

5.3.2　仪式过程与平面布局

三江庙的主殿为疍家人举行祀典活动的主要场所。整个建筑分为前廊和主厅两部分。其中，前廊空间进深约 1.6m，以四根圆柱排列形成前廊空间的虚界面。造型方面，中间圆柱分为柱础、柱身与柱头三部分，柱子与地面的过渡设为莲花柱础，柱身则为盘龙柱，柱头为鼓型，环绕蓝色祥云图案，柱子整体形成了丰富的色彩层次；边角的圆柱造型简洁，不设柱础，柱子直接与地基相接。空间方面，由中间圆柱限定了三江殿的主要入口空间，空间尺度较大；边角圆柱则结合栏杆围合出水果洗漱区等廊下辅助空间。可见，前廊空间在空间元素造型与空间尺度上提示入口空间的重要性，强调了中轴秩序。

建筑内部的主厅空间为宽三间，深两间。开间方向，明间较宽，约为 5m，次间约为 3m。进深方向，前窄后宽，第一间进深约为 2.5m，为过渡辅助空间，靠墙摆放桌椅、置物架等；第二间进深约为 5m，为主要祭拜活动空间，根据空间的方位与尺寸，形成以中为尊的主次祭拜空间。中部的祭拜空间主要供奉三江娘娘，两侧则供奉哪吒、关公等其他神灵。沿着祭祀方向摆放跪拜垫席、功德箱、祭台、香炉与神龛，并在中部跪拜垫席两侧靠着中柱摆放两组茶几座椅，营造家庭式的祭祀氛围（图 5-19）。

基于此平面空间布局，疍家人的仪式过程主要为：献供品（在祭拜之前先在案几上摆上供品，水果供品则需在前廊空间洗净后再献上）；点香（在主祭台拿取 16 支香，用香炉里的烛火点燃）；献香（首先对着三江娘娘神像祭拜，献 5 支香；其次，分别祭拜左右侧神龛的关公、哪吒等神灵，各献 3 支香；再次，来到门外在两侧给鱼形壁挂香炉各献一支香；最后，来到庭院中的宝炉前，献 3 支香）；祈愿（先后对着三江娘娘和其他神灵虔诚述说祈求，求得神灵保佑）、烧纸钱（在烧纸炉里为神灵烧纸钱）。整个仪式过程贯穿室内外的庙宇空间，以室内祭祀为主。仪式过程所形成的空间流线围绕着庙宇空间的中轴线展开，具有明显的对称特征（图 5-20）。

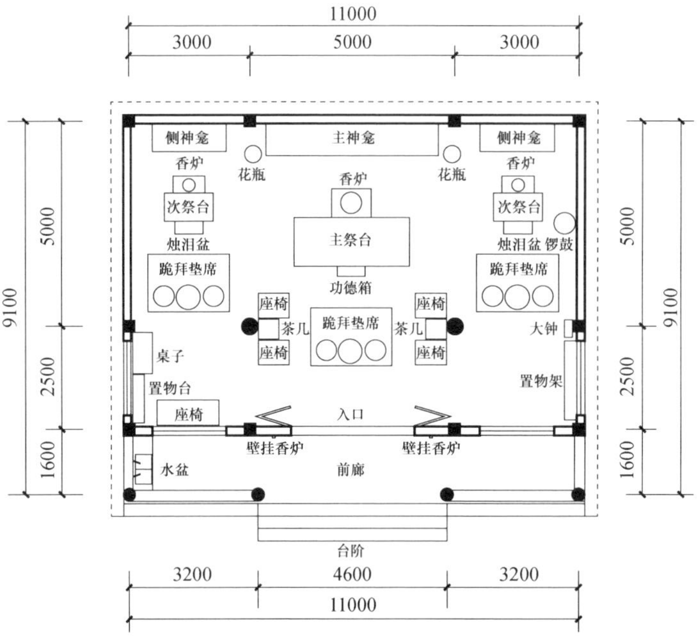

图 5-19 三江庙平面空间布局示意（来源：自绘）

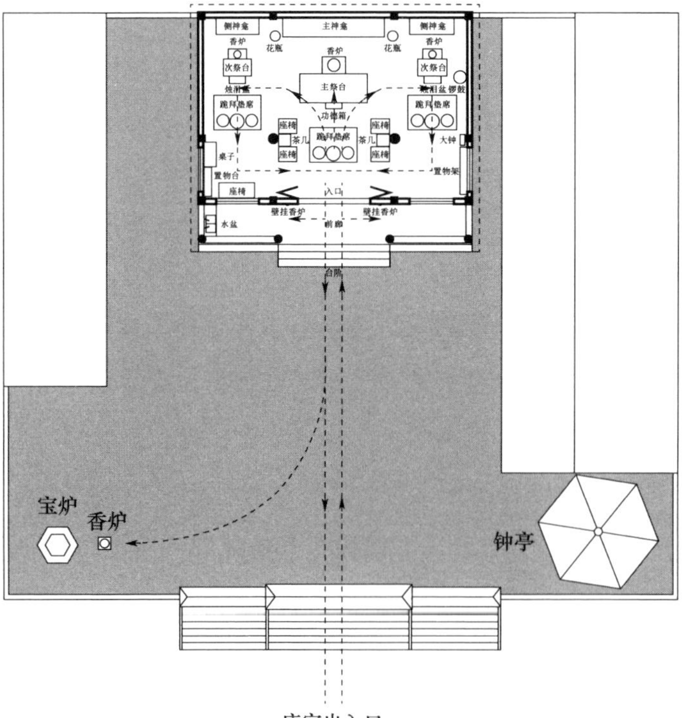

图 5-20 仪式过程流线图（来源：自绘）

疍家人的祭拜仪式活动借由一系列的身体行为，在空间中往复流转（图 5-21）。通过场景建构形成记忆的框架，并结合特定的空间利用方式建构了多元的仪式场景，建立起场所的关联并赋予意义，体现了疍家人的集体记忆、象征空间与地方认同，表达了空间、物体、行为之间的相互关系[131]。

(a) 主祭台祭拜仪式　(b) 次祭台祭拜仪式　(c) 室外烧纸钱仪式

图 5-21　三江庙中的祭仪活动（来源：自摄）

5.4　开放仪式空间

围绕着疍家人的信仰文化，形成了包括祭海、游神、娱神在内的传统习俗活动，在聚落空间范围内建构了与之对应的公共开放仪式空间。依托于聚落公共开放空间展开的仪式活动蕴含着集体信仰作用的层次。其空间界面的形态、路径空间的序列、仪式中心所传达的仪式信息，与物质实体空间相关联，反映着疍家人的信仰精神与族群文化[132]。

5.4.1　祭海空间

疍家人的祭海活动源于对海洋的敬畏与感激，祭祀类型主要分为神灵祭祀和“开渔祭祀”[133]。其中，神灵祭祀的对象以妈祖、海龙王等海神为主。“开渔祭祀”则是在基于现代渔业管理形成的特定开渔日这一天，采用集体祭祀的方式祈求海神保佑疍家人在新的捕捞时段

---

[131]　李婷，李晓峰．仪式场景视角下的传统聚落公共空间研究——以闽西芷溪祠庙群为例 [J]. 新建筑，2021（01）：104-109.

[132]　郭于华．仪式与社会变迁 [M]. 北京：社会科学文献出版社，2000.

[133]　王荣国．明清时代的海神信仰与经济社会 [D]. 厦门大学，2001.

中作业平安、满载渔获而归。祭海活动对应的空间主要围绕着海洋展开，根据仪式形式形成了点状与线性的仪式空间，具有周期性与临时性的特征，与人的活动行为密切相关。随着祭祀仪式的不断演变与更替，其空间形态出现了相适应的调整，蕴含着人神互动的场所力量，真实地反映着疍家人祭海仪式的场景，凝聚着族群对海洋的特殊情感并维系起以海为生的业缘关系（图 5-22）。

图 5-22　传统祭海空间示意（来源：自绘）

5.4.1.1　传统祭海空间

传统时期，疍家人多漂泊于江海之上，随鱼汛各自迁徙，此时期的祭海活动以神灵祭祀为主。祭海空间依托着作为神灵驻点的三江庙与疍家人生活的海上空间展开，呈现点线结合的特点，适应潟湖环境，形成了封闭的仪式空间序列。

传统祭海仪式多发生在每年的农历正月十二，这一天为新村疍家人的元宵节。传统祭海仪式主要由熟悉仪式步骤并可与鬼神进行交流的道公队主持。祭海仪式多在晚上举行，这与疍家人的夜间捕捞的生计习惯相适应。传统祭海仪式主要包括“巡海”与“过火山”两个环节，分别对应海上路径空间与陆上节点空间。

“巡海”时，三江娘娘与其他神灵会被请上祭祀船跟随道公队一起在海湾内巡游。由于是夜间祭海，便在祭祀船的船头和船尾各安排一人手持用就地取材的椰树叶子捆扎成的火把，利用火把照亮海面引路。船上另有人放鞭炮、敲锣打鼓，营造热闹的氛围。主持仪式的道公便在船上挥动驱鬼幡，口念祭词，将盛有食物的纸船放入水中，祭奠海里的亡魂，并借由神灵的力量驱赶海里的鬼怪。随后，祭祀船在港湾内绕行一圈，并向港口外行进，意味着将鬼怪赶出疍家人的领地，保佑疍家人平安健康，丰收发财[134]。

“巡海”仪式后，道公队回到三江庙前的沙滩上。疍家人早已在此等候下一个仪式环节——“过火山”。人们提前准备好了用树枝、椰树叶编织做船身、用红布作帆的简易帆船，将其点燃形成火海，意味着疍家人的生产生活红红火火。道公队在火海面前做法，之后赤脚接连从火海中穿过。随后，疍家人参与到仪式活动中，由疍家男人怀抱三江庙中的神像依次跳过火海，通过法术消除妖魔鬼怪。“过火山”仪式结束后，将“帆船”燃烧后形成的红色灰烬均匀地撒在沙滩上铺成圆形。驱除海里的水鬼，让海域清净，保疍家人平安。

通过对以上仪式活动的描述可以发现，疍家人传统的祭海空间由作为仪式路径的航行线路与作为仪式核心的三江庙前沙滩组成。仪式过程中水陆公共空间转化衔接起整体仪式场景的同时，也是对聚落空间边界的确认[135]。

5.4.1.2 现代祭海空间

随着新村疍家人陆续上岸居住，渔业捕捞日益规范化，祭海类型从传统的以“神灵祭祀”为主转变为以“开渔祭祀”为主。祭海活动举行的场所也发生了相应的转变，转移到渔船聚集的中心渔港码头上。通过临海搭建祭台，铺设红毯，形成长方形平面布局，限定

[134] 刘莉．被水束缚的命运 [D]. 中央民族大学，2011.

[135] 黄应贵．空间、力与社会 [J]. 广西民族学院学报（哲学社会科学版），2002（02）：9-21.

出主要的仪式空间。沿着祭祀方向划分出主祭台、奏乐区、仪式活动区以及侧旁的长老列席。参与祭祀的人员包括祭司团、演奏队、舞龙舞狮队、族内长老以及信众群体，共同参与见证祭海仪式过程。仪式活动主要包括献歌、献供、祭拜祷告、宣读祭文等环节（图 5-23）。

仪式伊始，主祭人上高香，敬五谷、五果与三牲，伴随着吹打乐器的和鸣，面对大海敬酒吟颂诗歌："一敬酒，感恩海洋；二敬酒，波平浪静；三敬酒，鱼虾满仓。"在锣鼓伴奏下进行舞龙舞狮表演。随后是长者祭拜、童男童女轮流献供祭拜，其中，童男献酒，童女献茶。最后由主祭人庄严地宣读祭文，鸣礼炮，完成祭海活动 [136]。

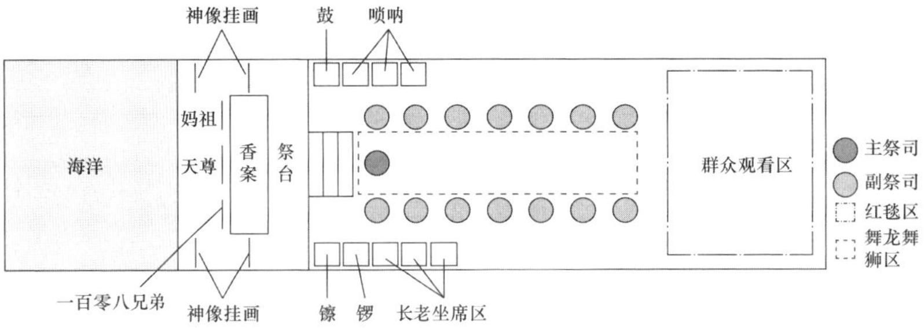

图 5-23　现代祭海仪式空间组织示意（来源：自绘）

疍家人祭海空间的布局与组织沿用了庙宇空间的祭祀方式（图 5-24），在空间布局上以中轴布局为主，处处渗透着疍家人以中为尊的信仰空间等级观念，临时建构起海陆空间相调适的祭海仪式场所，通过身体记忆再现仪式场景 [137]。

[136]　周琳琳．海洋文化视野下的三亚民间信仰与祭海习俗研究 [J]. 文化学刊，2015（09）：57-60.

[137]　阮锦明，刘加平．从"水空间"看海南传统聚落公共空间的组织方式 [J]. 华中建筑，2018，36（02）：93-98.

(a) 祭海仪式　　(b) 舞龙仪式　　(c) 舞狮仪式

图 5-24　现代祭海仪式过程（来源：自摄）

5.4.2　游神空间

随着疍家人陆续上岸以及对传统迷信活动的限制，如今疍家人的元宵庆典由海上转到陆上，演变成贯穿聚落主要街巷的游神活动。游神活动凝聚了全境信众，在世代传承的信仰机制下，适应陆居环境，形成了有组织有策划的活动形式，通常由请神、巡境、安神三部分组成[138]。游神仪式中不同的环节对应不同的空间环境，主要由点状的神灵临时驻点空间以及线性的游神路径空间组成。根据新村游神活动的各社区轮流式组织方式，相对应的神灵驻点空间与游神路径的组织存在些许差异，但基本遵循了就近原则去整合空间，并兼顾聚落全境信众的祈福需求。

在新村，游神仪式真实地体现了基于多神信仰的地缘型祭祀的特点。从仪式活动的组织方式上看，不同的族群均有机会参与到活动的组织策划中。以社区为单位，每年轮流主持仪式活动。游神空间也往往以该社区的聚居空间范围为核心游神空间，决定着神灵临时驻点的位置以及游神路径的起点与行进方向。但随着游神队伍日渐庞大，现今多将游神的起始空间设在空间更为广阔的中心渔港码头，游神队伍沿着聚落中的大小街巷空间为信众巡游送福。游神过程中，鞭炮锣鼓齐响、彩灯花车炫靓，渲染了人神共聚的氛围，热闹非凡（图 5-25）。

---

[138]　陈泳超，王尧．姐妹娘娘：作为游神仪式支撑的尧舜传说——以洪洞县“接姑姑迎娘娘”仪式传说为例 [J]. 民族文学研究，2010（01）：：5-17.

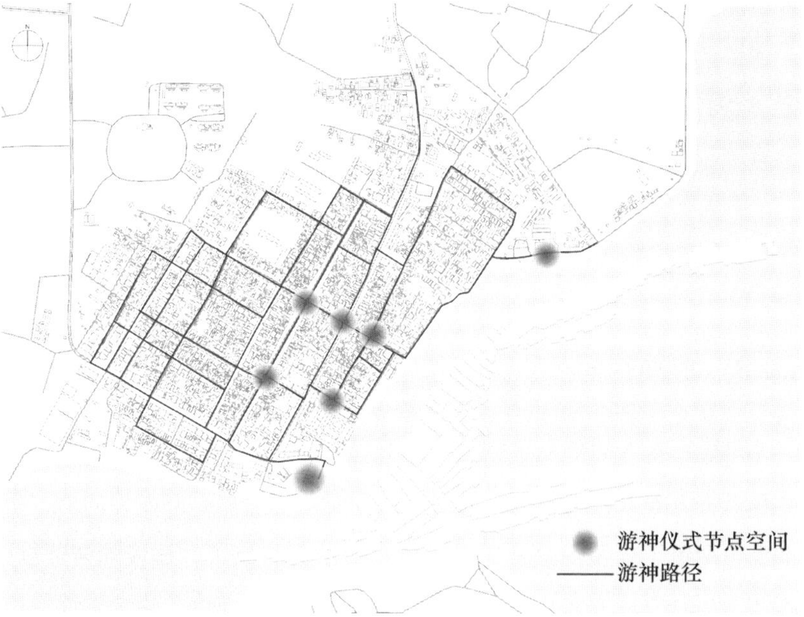

图 5-25 游神空间示意（来源：自绘）

整个游神仪式活动过程大致为：三江庙里的妈祖娘娘与各路神灵会被提前请到镇上各个社区入口龙门街道上临时搭建的神殿中供奉起来，主持活动的社区供奉主要神灵三江娘娘，其他社区的街边神殿则供奉其他神灵。各社区每年供奉的神灵均不相同，以保证妈祖娘娘与各路神灵福泽镇上各个社区的信众。巡游准备活动一般从当天下午五点陆续准备齐全，到了晚上八点钟，巡游活动正式开始。巡游队伍列队推着摆放着三江娘娘、关公、哪吒等神像的巡游车通过整个村镇所有开门纳福的店铺和人家，人们则在门前设桌，摆上祭品，迎接神灵的到来。巡游的过程中，信众列队，手持点燃的香把，等待着从三江娘娘的神龛底下钻过，祈求庇佑。另有手持诸神牌位或是舞狮的小伙子逐门逐户地冲入疍家人家中，手舞足蹈地为其驱鬼、送福。整个巡游过程持续三四个小时，巡游街道成为人们聚集的空间（图 5-26）。

游神活动的仪式路径以临时神殿或中心码头为起点，串联起以街道连系的疍家人的居所。于是，街道成为仪式过程中重要的线性空间，随着仪式路径延展交织；疍家人的紧密排列的家屋则成为重要的

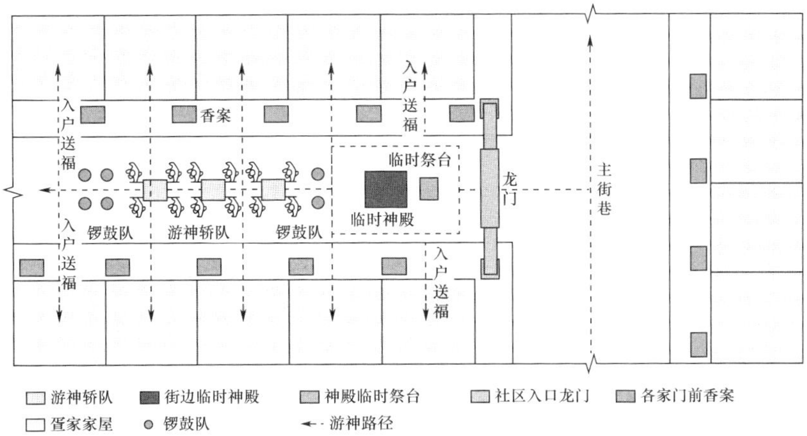

图 5-26 游神仪式街巷空间组织示意（来源：自绘）

界面空间，并通过设置香台、驱鬼送福的方式，建构起人神互动的仪式空间，街巷空间以物质实体作为游神仪式场景要素的构成之一，为集体欢聚提供背景环境。

5.4.3 娱神空间

在妈祖诞辰、端午节、鬼节等节庆日之际，疍家人会通过祭拜方式与娱神的方式表达对神灵、鬼怪的敬意。娱神活动主要包括划龙舟、洗龙水、唱戏等，承载这些活动的空间，即娱神空间，是以人的活动为依托被赋予意义或被建构的临时性空间，具有固定的环境背景[139]。

5.4.3.1 划龙舟

疍家人自诩为龙族后代，每年的农历五月初五端午节之际，传说这一天海龙王会出现，使海水变成龙水，新村疍家人举办划龙舟、洗龙水、唱琼剧等祭神与娱神活动表达对龙王的敬意并祈求龙王的保护。这些活动现已成为疍家人的习俗活动之一，是疍家人喜闻乐见的活动形式（图 5-27）。

[139] 邬胜兰．从酬神到娱人：明清湖广——四川祠庙戏场空间形态衍化研究[D]. 华中科技大学，2016.

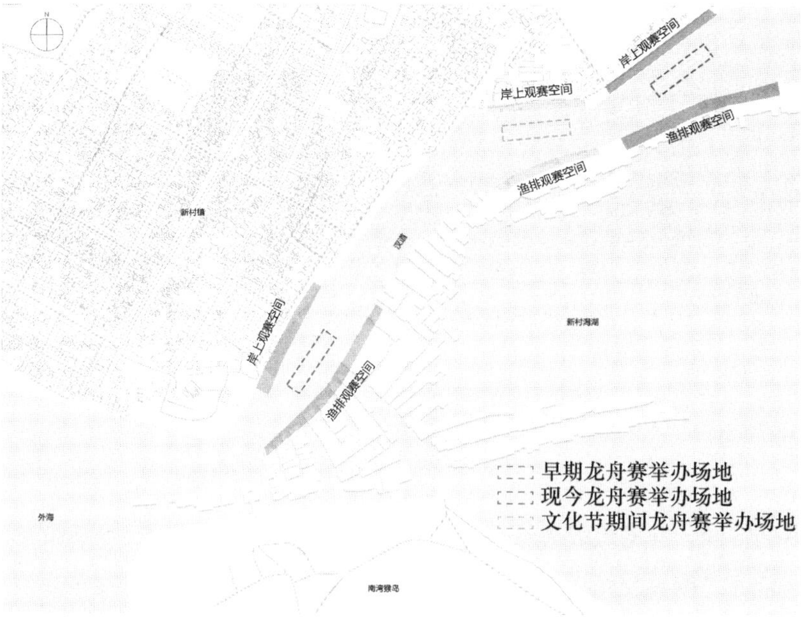

图 5-27　划龙舟娱神空间示意（来源：自绘）

一般而言，划龙舟所需求的空间主要为龙舟行进的海上空间，由于划龙舟多以比赛的形式进行，在活动举行期间，会聚集大量群众，龙舟活动的海上空间多与陆上的主要公共开放空间相结合布局。结合新村疍家的空间特点，早期划龙舟多在水产码头与旅游码头之间的水上汊道举行，疍家人则聚集在汊道两边的岸上空间与渔排空间上观看比赛情况。随着中心渔港码头的建设，形成了较大的集散场地，又因为港湾内部的水流更为平缓，划龙舟活动转移至渔港码头对应的水上汊道上进行，沿岸码头空间与水上渔排成为主要的看台空间。此外，结合疍家文化节活动主场地的布局，在文化节期间，将龙舟比赛举办场地设置在渔港码头的水上汊道上。分析可见，疍家人对于水上空间的利用是较为灵活的，根据实际的空间情况与事件属性，并综合考虑了比赛展演与群众观看的空间需求，选取了适宜的空间开展仪式活动（图 5-28）。

5.4.3.2　唱戏

琼剧是海南地区民众最喜爱的民俗活动之一。经过长期与陆上人的文化交流，疍家人的文化里也融入了琼剧的基因。在每年的端午节、春节等节庆日之际，会连续三晚上演琼剧曲目，以娱神娱人[140]。

(a) 文化节期间的龙舟比赛 (b) 渔排上看龙舟赛的疍家人 (c) 在船尾看龙舟赛的疍家人

图 5-28 划龙舟娱神空间实景（来源：自摄）

新村聚落范围内并没有建设固定的戏台，多是在旅游码头的广场上，搭设临时戏台。使得戏台既靠近三江庙又临海，兼顾妈祖、海龙王等神灵的观看，以达到娱神的作用。戏台搭设的背景空间——广场，是三面由建筑围合形成的半封闭空间，通过建筑界面的限制，形成了空间的聚合。戏台设置于临海一侧，正面朝向三江殿，显示出对妈祖娘娘的最高敬意。广场空间为观看区，没有固定的座椅，观众前往观看时需自备椅子或垫席。一般而言，会将前排的观看空间留给老者，后排则自动形成座椅区与站立区。在自发形成的空间中，体现了疍家人的集体意识与社会秩序。不同群体与成员在空间中的位序基本固定，以实现更高效的空间组织与空间利用（图 5-29、图 5-30）。

[140] 赵康太 . 海南文化历史形态的研究——兼论琼剧文化 [J]. 海南大学学报（社会科学版），1998（01）：23-30.

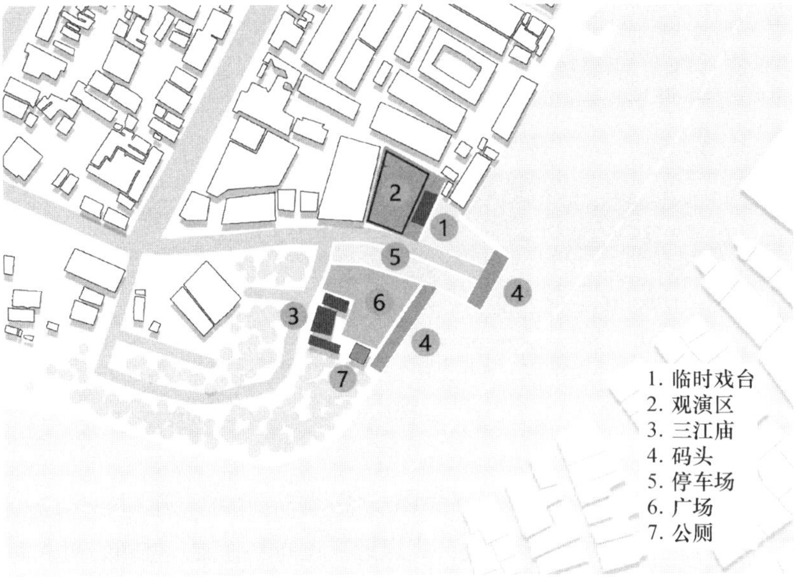

图 5-29　戏台空间环境示意（来源：自绘）

图 5-30　戏剧演出场景（来源：陵水县政府网站）

5.5　本章小结

本章通过分析新村疍家人的信仰文化，旨在了解疍家人在面对特殊生存环境所构建的精神世界及其所对应的信仰仪式空间的特征。可以发现，在充满不确定性的生存环境中，新村疍家人形成了包括家先信仰、妈祖信仰以及其他鬼神信仰在内的多神信仰体系。其中，家先信仰是以“家”为生存基本单位的疍家人最本能的信仰，漂泊不定的疍家人，通过祈求家先的保佑，在面对生产生活中的疑难杂症时，可获得精神的慰藉。除了家庭化的家先信仰，疍家人还发展出公共化的海神信仰，以妈祖信仰为主，兼具海龙王、关公、哪吒等多种鬼神的信仰。不同的信仰作用的空间层次不同，存在直接作用与间接作用两种形式，体现了疍家信仰文化对聚落仪式空间的形塑作用以及仪式空间对信仰文化的表征作用（图 5-31）。

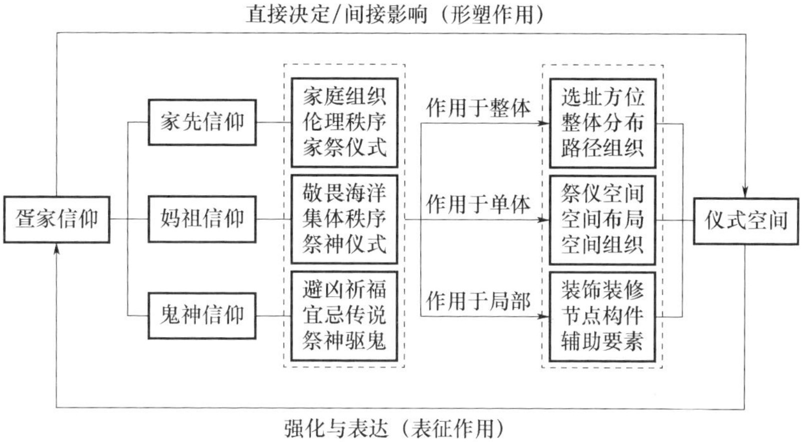

图 5-31　信仰与空间的相互作用关系（来源：自绘）

对应不同的信仰文化，在聚落空间中存在与之相对应的仪式空间，包括家先信仰下作为家祭空间的厅，妈祖信仰下作为庙宇祭祀空间的三江庙以及其他公共开放仪式空间。家庭祭祀的祭祀方向与神位布局的方式影响着厅的组织与利用，顺应不同时节的祭祀仪式，家祭空间存在多种变形。三江庙的空间选址与总体布局，蕴含着对聚落选址环境的精心考量与对海神的敬仰。选址于潟湖的出海口，在往来船只的必经之地上，方便疍家人的海神祭祀活动，并成为守望疍家人的精神灯塔。庙宇空间采用中轴布局的方式，形成以“中”为尊的空间位序关系，在主殿中，将疍家人最看重的“三江娘娘”置于中部，其余的神灵分设两旁，在统一的空间中，体现疍家人的多神信仰模式。结合海神信仰衍生出的祭海、游神、娱神仪式活动，充分利用聚落中的公共开放空间，形成了独特的文化空间景观。祭海空间、游神空间、娱神空间主要沿岸线分布于码头、广场、水道等，联系各家各户的街道空间也成为人神互动仪式场景的主要场所。

总结与展望

疍家聚落空间作为疍民族群文化的物质空间载体，聚落空间的形成受到生态、社会、经济、文化等多种因素的影响。整体来看，新村疍家聚落空间是海洋生态环境与疍民族群文化塑造的空间产物。本文借鉴文化人类学、类型学以及人居环境科学的研究方法，以凸显疍家聚落空间特色的产业空间、居住空间、仪式空间为主要空间剖析对象，研究新村疍家聚落空间与疍民族群的生计模式、社会结构、信仰文化等文化要素的空间对照关系，拓展对疍家聚落空间的认知维度，加深对作为海洋族群的疍家人及其族群文化的了解，促进海洋文明的建设，并为作为海南文化有机组成部分的疍家文化的保护与发展提供相应的理论依据。

本文主要结论如下：

（1）新村疍家聚落具有独特的水陆环境空间，形成了多样化的自然要素，奠定了聚落发展的自然基底。基于特殊的水上生存环境，新村疍家人形成了以“渔”为主的生计模式、以“家”为核的社会结构以及以“海”为尊的信仰体系，这些是疍民族群文化的核心组成部分，蕴含着与海洋的互动方式，丰富了海洋文化的组成。自然环境要素与文化制度要素在新村疍家聚落空间形成过程中相互渗透，共同作用于不同空间层次聚落空间的形塑，塑造了多元复合的水陆聚落空间。

（2）受环境、产业、社会等因素的影响，新村疍家聚落空间的基本特征为整体布局呈团块状、具有层级分明的街巷体系，主要公共节点沿着港湾呈线性分布。其中，空间布局方面，疍家人的陆上聚居空间以集中布局为主，水上聚居空间则呈现组团式布局特点。街巷体系方面，陆上建筑排列紧密，街巷形态清晰，为纵横交错的规则路网结构，等级分明。水上建筑则错落布置，为散点式布局，街巷空间形态适应水环境具有可变性，具有一定的层级关系，主要由汊道、航道与水道组成。公共节点方面，早期公共空间多沿着港湾呈线性布局，后期发展出沿道路呈散点式布局的模式。

（3）基于特殊的海上生计并结合时代经济发展，新村疍家人充分利用海陆空间资源发展新型产业，推动产业类型由传统渔业向养殖业以及旅游业的扩展。聚落产业空间在时空维度下不断地演进更替，形成了一系列适应生计生产的产业空间，并始终围绕着港湾分布，空间呈现出多元复合的特点。对应捕捞业，围绕捕捞生产的全过程，在聚落空间范围内形成了对应的功能空间，主要包括捕捞空间、交易空间以及其他辅助空间。养殖产业空间的布局、空间构成以及空间形态受潟湖生态环境影响较大，是人与自然互动过程中相互调适的结果。旅游产业空间则对应着疍家人对海洋生计之外的探索，对应旅游资源的分布对空间进行整合、更新与重组，依托南湾猴岛与潟湖、海湾的生态资源以及疍家文化形成了集中分布于潟湖出海口附近水陆空间的多样旅游服务产业空间。

（4）疍家人长期以舟居为主的生活形态，造成了家庭结构的小型化，受到游牧耕海生产方式的影响，注重维系以直系父系血缘为主的亲属关系，形成了结构简单的家族形式，并围绕生产活动形成了海洋性的业缘关系。定居下来的疍家人，在与陆上其他族群的交往的过程中，逐渐联结成稳定的地缘关系，反映在聚落居住空间上，形成“家屋空间—家族单元—邻里组团—族群聚落”的空间层次关系，整体体现出对外部居住环境变迁的适应与对内在家庭核心的坚守。家屋空间内，空间布局始终保持了“前—中—后”三段式的布局模式，以单体空间作为家庭活动的主要场所。随着家庭结构的复杂化，存在对应家庭成员等级关系的空间位序，对空间做进一步的细分与置换，充分利用有限的空间。通过位序差别与空间节制手段，反映疍家人对空间的调控能力。从家屋空间向外延伸以血缘为联系形成的家族单元，在不同的居住模式下，在空间形态与空间组织关系层面总体呈现单体复合的特点，形成由多个家屋组成的家庭单元。基于不同族群发展历程与生产生活方式形成的族群组团，在聚落中的空间位置关系与所对应的组团空间形态的些许差异，反映不同族群的文化特性。

（5）疍家人面临大海未知而充满风险的生存环境，形成了包括家先信仰、妈祖信仰以及其他鬼神信仰在内的混合多元，灵活实用的多神信仰体系。不同的信仰作用的空间层次不同。对建筑空间与开放空间的组织利用，凸显了在聚落公共领域中海神信仰空间的统率，家屋内部则呈现出家先信仰空间的主导作用，形成以“中”为尊的空间位序关系，体现疍家人面对特殊生存环境所构建的精神场所内核。具体而言，家祭空间中，家庭祭祀的祭祀方向与神位布局的方式影响着厅的组织与利用，顺应不同时节的祭祀仪式，家祭空间存在多种变形。作为公共祭祀空间的三江庙，其空间选址与总体布局，蕴含着对聚落选址环境的精心考量与对海神的敬仰，以中轴组织起内外空间，并对应祭仪活动，形成了适应仪式过程的空间组织。此外，疍家人充分利用聚落中的公共开放空间形成了沿岸线分布与沿街巷分布的祭海、游神、娱神的仪式空间，塑造了独特的文化空间景观，是人神互动的主要场所。

以海为生的新村疍家人，在海洋资源不断枯竭、海洋空间利用受限不断增多，以及区域旅游开发热潮等生态、社会问题日益明显的背景下，生计空间与生活空间均受到了不同程度的挑战。陵水县出台了涉及港湾生态保护、疍家文化保护与传承的一系列政策与举措，将具有特色文化的疍家人纳入区域发展的重要环节，打造“旅游+”的产业模式，为疍家人提供了更多元的生计选择。希望新村疍家人能把握时代发展的机遇，弘扬与发展族群文化，在新村疍家聚落的新一轮发展建设中，能够充分考虑自然生态环境的适应性与承载性，保证生存基底空间的可持续发展。此外，应注重沿港湾岸线公共空间的打造，为疍家文化的发展提供适宜的空间载体，促进文化的交流与传播。

研究对象的时间跨度与空间跨度较大，加之新村疍家文献资料的相对匮乏，为研究带来了一定困难。笔者在前往当地调研的过程中，就与论文主旨相关的内容展开调研，尽量收集相关资料，进行相关访谈，但难免在资料内容的深度与广度上存在欠缺，望广大学者能进行纠正与完善，也希望本文的成果能为未来学者的研究以及疍家聚落的保护利用提供一些参考。

参考文献

（1）学术期刊文献

[1] 周伟 . 21 世纪“海上丝绸之路”建设：海南的角色与作用 [J]. 南海学刊，2016，2（02）：112-118.

[2] 毛明 . 论黑格尔海洋文明论对中国海洋文化和文学研究的影响 [J]. 中华文化论坛，2017（10）：172-178.

[3] 许纪霖 . 农耕、游牧与海洋文明视野中的南北文化 [J]. 知识分子论丛，2018（01）：111-122.

[4] 陆元鼎 . 中国民居研究五十年 [J]. 建筑学报，2007（11）：66-69.

[5] 吴水田，陈平平 . 岭南疍民人口迁移的历史过程与空间特征 [J]. 热带地理，2014，34（03）：408-413.

[6] 罗香林 . 疍民源流考 [J]. 广西民族研究所资料组—少数民族史论文集，1964.

[7] 张朔人 . 海南疍民问题研究 [J]. 安庆师范学院学报（社会科学版），2007（02）：53-55.

[8] 张朔人 . 明清时代南海疍民的分层流动与社会身份重构 [J]. 古代文明，2014，8（03）：85-91+113-114.

[9] 余英，陆元鼎 . 东南传统聚落研究——人类聚落学的架构 [J]. 华中建筑，1996（04）：48-53.

[10] 黄向春 . 从疍民研究看中国民族史与族群研究的百年探索 [J]. 广西民族研究，2008（04）：55-65.

[11] 詹坚固 . 试论蜑名变迁与蜑民族属 [J]. 民族研究，2012（01）：81-91+110.

[12] 颜广文 . 从“瓯邓”到疍民——疍民起源新解 [J]. 广东社会科学，2015（02）：140-145.

[13] 叶显恩 . 明清广东疍民的生活习俗与地缘关系 [J]. 中国社会经济史研究，1991（1）：56-62.

[14] 陈碧笙 . 关于福州水上居民的名称、来源、特征以及是否少数民族等问题的讨论 [J]. 厦门大学学报（文史版），1954（01）：115-126.

[15] 刘莉 . 在场：海南疍家女性的空间、身体与权力 [J]. 开放时代，2019（01）：210-221+8.

[16] 管玉梅，黄诚，夏冬艳 . 生境变迁下海南疍民的生存现状调查 [J]. 文化学刊，2019（05）：29-34.

[17] 何化利 . 海南疍家身份认同问题研究——基于海南各港口疍民考察札记 [J]. 民族论坛，2016（07）：61-64.

[18] 萧凤霞，刘志伟 . 宗族、市场、盗寇与疍民——明以后珠江三角洲的族群与社会 [J]. 中国社会经济史研究，2004（03）：1-13.

[19] 吴水田，司徒尚纪 . 岭南疍民舟居和建筑文化景观研究 [J]. 热带地理，2011，31（05）：514-520.

[20] 吴水田，司徒尚纪 . 疍民研究进展及文化地理学研究的新视角 [J]. 热带地理，2009，29（06）：583-587.

[21] 黄妙秋 . 语言人类学视阈下的两广疍歌研究 [J]. 人民音乐，2014（02）：60-63.

[22] 吴水田，陈平平 . 广东疍民服饰文化景观的"亲水"个性及其演变 [J]. 广州大学学报（社会科学版），2013，12（07）：93-97.

[23] 董立功 . 广东疍民婚俗初探 [J]. 中国地质大学学报（社会科学版），2013（S1）：205-209.

[24] 张玲，黄桂玲 . 海南咸水歌的嬗变及其原因分析 [J]. 南海学刊，2017，3（02）：80-84.

[25] 管玉梅，王浩，夏冬艳，王树恩 . 我国民族文化旅游资源开发潜力的多层次灰色评价研究——以海南疍家文化旅游资源开发潜力评价为例 [J]. 科技通报，2017，33（10）：256-260.

[26] 黄丽华 . 海南疍家人的民俗文化及其旅游开发 [J]. 中州大学学报，2019，36（04）：55-58.

[27] 尤小菊 . 略论人类学研究的空间转向 [J]. 西南民族大学学报（人文社科版），2010，31（08）：67-71.

[28] 吴良镛 . 人居环境科学的探索 [J]. 规划师，2001（06）：5-8.

[29] 龚文平，陈明和，温晓骥，莫李帅 . 海南陵水新村港潮汐汊道演变及其稳定性分析 [J]. 热带海洋学报，2004（04）：25-32.

[30] 李君海 . 热带气旋影响陵水县降水的不同强度特征 [J]. 广东气象，2011，33（04）：37-40.

[31] 刘莉 . 做海：海南疍家的海上实践与文化认识 [J]. 广西民族大学学报（哲学社会科学版），2016，38（05）：131-137.

[32] 浅川滋男 . 東アジア漂海民と家船居住 [J]. 鳥取環境大学紀要，2003：41-60.

[33] 長沼さやか，浅川滋男，張漢賢 . 水上居民の家船居住と陸上がりに関する文化人類学的研究——中国両広とベトナムを中心に [J]. 住宅総合研究財団研究論文集，2007：64-76.

[34] 張漢賢，浅川滋男 . 世界自然遺産ベトナム · ハロン湾における水上集落の居住実態とその変容（その 1）[J]. 日本建築学会中国支部研究報告集，2007.

[35] 市川尚紀 . 東南アジアの水上集落に学ぶ持続可能な水辺都市のあり方 [J]. 都市計画，2009（278）：53-56.

[36] 藤原美树，樽谷昭彦 . 尾道吉和家船の陸上がりによる漁民住宅の形成に関する研究 [J]. 福山大学工学部纪要，2014.

[37] 胡栋，郝心田 . 基于文脉传承下的水上聚落重构设计探索——以海南新村港疍民聚落改造设计为例 [J]. 城市建筑，2016（33）：24-29.

[38] 潘莹，蔡梦凡，施瑛 . 基于语言分区的海南岛民族民系传统聚落景观特征分析 [J]. 中国园林，2020，36（12）：41-46.

[39] 颜云榕，冯波，卢伙胜 . 中、西沙海域 2 种灯光作业渔船的捕捞特性及其技术效率分析 [J]. 南方水产，2009，5（06）.

[40] 周永召，王芬，周湘彬 . 新村港养殖的合理布局及麒麟菜养殖对其水质的影响 [J]. 海洋开发与管理，2012，29（01）.

[41] 杨辉，王文师，李庆彪，符青云 . 海南陵水县发展深水网箱养殖的探讨 [J]. 海洋开发与管理，2015，32（01）：49-52.

[42] 业祖润 . 传统聚落环境空间结构探析 [J]. 建筑学报，2001（12）：21-24.

[43] 周泓 . 杨柳青镇乡：地缘圈界与信仰圈层——兼论汉人社会圈层形态 [J]. 广西民族大学学报（哲学社会科学版），2011，33（03）：61-70.

[44] 费孝通 . 论中国家庭结构的变动 [J]. 天津社会科学，1982（03）：2-6.

[45] 郑朝波 . 陈序经疍民研究的社会学视角 [J]. 新东方，2008（06）：61-64.

[46] 刘莉 . 南湾：多族群聚居地的生境、历史和港湾发展 [J]. 北方民族大学学报（哲学社会科学版），2019（06）：84-90.

[47] 宋丽娜 . 熟人社会的性质 [J]. 中国农业大学学报（社会科学版），2009，26（02）：118-124.

[48] 黄应贵 . 空间、力与社会 [J]. 广西民族学院学报（哲学社会科学版），2002（02）：9-21.

[49] 许瑞娟 . 摩梭家屋空间建构的隐喻象征意义解析 [J]. 云南民族大学学报（哲学社会科学版），2015，32（03）：49-54.

[50] 林志森，张玉坤 . 基于社区再造的仪式空间研究 [J]. 建筑学报，2011（02）：1-4.

[51] 赵晓梅 . 家先祭祀与空间变迁——桂北苗瑶家屋二柱象征意义的获得 [J]. 建筑学报，2020（06）：16-21.

[52] 申素样 . 海南疍民咸水歌中的海神崇拜 [J]. 南海学刊，2020，6（04）：108-118.

[53] 管玉梅 . 论海南疍家文化 [J]. 中外企业家，2017（10）：184-186.

[54] 薛艺兵 . 对仪式现象的人类学解释（上）[J]. 广西民族研究，2003（02）：26-33.

[55] 王华 . 水上社会的道德与秩序——太湖大船渔民民间宗教的历史人类学研究 [J]. 北京社会科学，2018（05）：85-94.

[56] 李婷，李晓峰 . 仪式场景视角下的传统聚落公共空间研究——以闽西芷溪祠庙群为例 [J]. 新建筑，2021（01）：104-109.

[57] 周琳琳 . 海洋文化视野下的三亚民间信仰与祭海习俗研究 [J]. 文化学刊，2015（09）：57-60.

[58] 阮锦明，刘加平 . 从“水空间”看海南传统聚落公共空间的组织方式 [J]. 华中建筑，2018，36（02）：93-98.

[59] 陈泳超，王尧 . 姐妹娘娘：作为游神仪式支撑的尧舜传说——以洪洞县“接姑姑迎娘娘”仪式传说为例 [J]. 民族文学研究，2010（01）：5-17.

[60] 赵康太 . 海南文化历史形态的研究——兼论琼剧文化 [J]. 海南大学学报（社会科学版），1998（01）：23-30.

（2）学术著作

[1] 夏建中 . 文化人类学理论学派——文化研究的历史 [M]. 北京：中国人民大学出版社，1997.

[2] 陆琦 . 广东民居 [M]. 北京：中国建筑工业出版社，2008.

[3] 周大鸣 . 文化人类学概论 [M]. 广州：中山大学出版社，2009.

[4] 余英 . 中国东南系建筑区系类型研究 [M]. 北京：中国建筑工业出版社，2001：116.

[5] 罗香林 . 疍民源流考 [G]. 百越源流与文化 . 台北：中华丛书委员会，1955.

[6] 林惠祥 . 中国民族史 [M]. 北京：商务印书馆，1998：139-141.

[7] 吴永章，夏远鸣 . 疍民历史文化与资料 [M]. 广州：广东人民出版社，2019.

[8] 陈序经 . 疍民的研究 [M]. 上海：商务印书馆，1946.

[9] 经君健 . 清代社会的贱民等级 [M]. 浙江：浙江人民出版社，1993.

[10] 黄淑娉 . 广东族群与区域文化研究 [M]. 广州：广东高等教育出版社，1999.

[11] 张寿祺 . 蛋家人 [M]. 中华书局（香港）有限公司，1991.

[12] 黄新美 . 珠江口水上居民（疍家）的研究 [M]. 广州：中山大学出版社，1990.

[13] 可儿弘明 . 香港水上居民：中国社会史的断面 [M]. 东京：岩波书店，1970.

[14] Eugene N.Anderson，The Floating World of Castle Peak Bay，Anthropological Studies，W.H.Goodenough，ed. American Anthropological Association，Washington D.C，1993.

[15] 华德英 . 从人类学看香港社会——华德英教授论文集 [M]. 香港：香港大学出版印务公司，1985.

[16]（美）穆黛安 . 华南海盗（1790-1810）[M]. 刘平，译 . 北京：中国社会科学出版社，1997.

[17] 曾昭璇 . 岭南史地与民俗 [M]. 广州：广东人民出版社，1994.

[18] 吴水田，陈平平 . 岭南疍民文化景观 [M]. 北京：社会科学文献出版社，